图说国学

跟着梁漱溟学儒

朱夏楠◎编著　何宇海◎绘

中国言实出版社

图书在版编目（CIP）数据

跟着梁漱溟学儒 / 朱夏楠编著；何宇海绘. -- 北

京：中国言实出版社，2018.8

　　ISBN 978-7-5171-2899-1

　　Ⅰ.①跟… Ⅱ.①朱… ②何… Ⅲ.①梁漱溟（

1893-1988）—新儒学—哲学思想—研究 Ⅳ.①B261.5

中国版本图书馆CIP数据核字（2018）第196441号

责任编辑：代青霞
责任校对：崔文婷
出版统筹：史会美
责任印制：佟贵兆
封面设计：朝圣设计

出版发行 中国言实出版社
　　　　　 地　址：北京市朝阳区北苑路180号加利大厦5号楼105室
　　　　　 邮　编：100101
　　　　　 编辑部：北京市海淀区北太平庄路甲1号
　　　　　 邮　编：100088
　　　　　 电　话：64924853（总编室）　64924716（发行部）
　　　　　 网　址：www.zgyscbs.cn
　　　　　 E-mail：zgyscbs@263.net
经　销 新华书店
印　刷 北京飞达印刷有限责任公司
版　次 2019年1月第1版　　2019年1月第1次印刷
规　格 710毫米×1000毫米　1/16　15.5印张
字　数 186千字
定　价 49.80元　　ISBN 978-7-5171-2899-1

为往圣继绝学，为万世开太平

程思远先生曾对梁漱溟先生有如是评价："潜心行学，一代宗师，探索人生，无所畏惧。"梁漱溟先生是完全担当得起这16个

> "为往圣继绝学，为万世开太平"，此正是我一生的使命。——梁漱溟

字的，他出生于儒学没落之际，在西学大行其道之际为传统文化另谋出路，此后积极投身乡村建设，为国家的前程奔走……他纵身大浪，一生波澜壮阔，灿若夏花。

"一身报国有万死，双鬓向人无再青。"用这两句诗来形容梁漱溟先生毫不为过。20世纪初，故国值秋，万方多难，"玉垒浮云变古今"。年轻的梁漱溟欲"万类霜天竞自由"，但是面对翻云覆雨的时局，踟蹰徘徊：自己的热血应该挥洒何处？究竟哪里才是中国的出路？他曾希望佛家能够告诉他答案，然而他并不满意那答案，于是又转向儒家去寻找，并且和冯友兰、熊十力等儒学大师开创了新儒学，一同找寻儒学的现实精

神。不管是潜心佛学还是儒学，梁漱溟先生始终未曾忘怀现实的人生。为国奔走于战火之间的梁漱溟数次遭遇日寇伪军，险象环生，却每每化险为夷。

1939年6月10日，他在日记中写道："黎明行抵连谷峪，入民家小睡，遽闻枪炮声，知前方已发生战事。出门遥见敌骑在西面山岭上，空中并有飞机，即向东南趋奔。"6月24日中又写道："行抵对经峪一小村……方解衣烘烤觅求饮食之间，闻石人坡方面枪声大作，知是接触开火。不敢怠慢，出村向东北一高山攀登……至山脚入岩洞掩蔽。洞内已人满，见我等异乡人物，指点隐于最后。此时前后各山头敌我两军渐集，不久开火，各种枪声、炮声、炸弹声、飞机声震耳。"

面对风起云变、波涛汹涌，他能够安然其中而不动。对此，梁先生自己说："'为往圣继绝学，为万世开太平'，此正是我一生的使命。《人心与人生》等三本书要写成，我乃可以死得；现在则不能死。又今后的中国大局以至建国工作，亦正需要我；我不能死。我若死，天地将为之变色，历史将为之改辙，那是不可想象的，万不会有的事！"

有人因这段话而斥其狂傲、狂狷、狂妄，其实这种舍我其谁的担当、挥斥方遒的气概，挥洒的正是他的一腔报国之情。若如诸葛亮一样，出师未捷身先死，星坠五丈原，死又何甘？唯有实现了继绝学与开太平，才算是死得其所。

绝学得继、太平得见，正是梁先生所希望的更好的世界。他和父亲梁济曾有一次谈话：

梁济问道：这世界还会好吗？

梁漱溟答：我相信世界是一天一天往好里去的。

梁济听了，说：能好就好啊！能好就好！

这竟然成为他们父子之间最后一次交流，不久梁济就因对现

> 区区日寇，不足以扰我也。
> ——梁漱溟

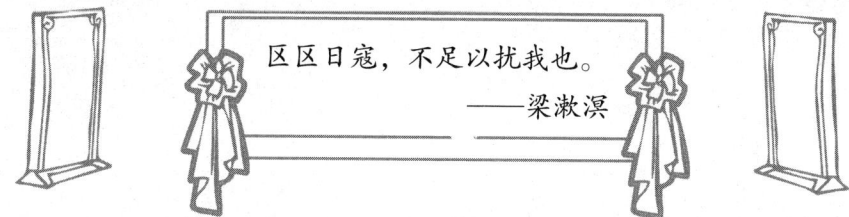

实的绝望而选择了自沉，因为现实一次次辜负了他的期待。梁漱溟正是要创造父亲未曾亲眼看见的太平盛世。所以曾误入"歧途"研读佛经的他辗转入世间，淡定地看待世间的沧海桑田，只为心中的信念。他不愿轻易地毫无价值地死去，他也从不畏惧险境。他说："虽泰山崩于前，亦可泰然不动；区区日寇，不足以扰我也。"这是他心中的坦诚之言。

1940年5月初旬的一天，日寇又对重庆进行轰炸，警报响起，众人匆忙钻入防空洞中。梁漱溟先生却从房间内搬出藤椅，若无其事地坐在操场上，安安静静地读书。

无论是继绝学，还是开太平，他都做到了。当然这不是他的一人之力，但他投入了整个生命。1988年，95岁高龄的梁漱溟先生安然辞世，静如秋叶。平生所愿已得偿，不留遗憾在人间。

他曾经中游击水，他曾经沉浮人生，他在为国尽心的同时给自己留下了一段峥嵘岁月，也留下了一笔珍贵的财富让后人一再咀嚼。

斯人已逝，笔墨犹香，谨以此文向梁先生致敬。

朱夏楠

2018年8月18日

目录

下　篇　比肩而立，儒与众家何处异

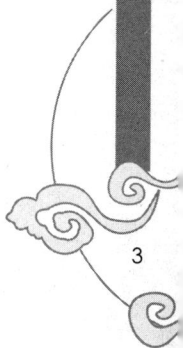

跟着梁漱溟学儒

序章

百转千回系儒门

佛儒

序章

百转千回系儒门

末世儒门，浊浪没清流

效忠于一家一姓之义狭，效忠于世界之义广，鄙人虽为清朝而死，而自以为忠于世界。

————梁济

若要问谁是梁漱溟思想的启蒙者和领路人，回答必定是他的父亲——梁济。梁济在中国儒学上的知名度和影响力虽然远不及日后的梁漱溟，但是作为一个出生于儒学世家的儒学门徒，他以自己悲壮的一生祭奠了他所信仰却无力挽其没落之势的儒学。这种舍身殉道的精神在日后的岁月里一直与梁漱溟不离不弃。

1918年11月，这是梁漱

> 我相信世界是一天一天往好里去的。 ——梁漱溟

2

溟回忆里最为痛楚的日子。离60大寿还有几天的父亲梁济，毅然抛下妻儿，自沉于积水潭。这是梁济最后的一搏——用生命挽回日趋没落的儒学，警醒江河日下的世风。举身赴清池前，梁济把自己以前借他人的一笔钱还掉，然后到自己的老师处提前奉上贺寿的礼金，最后还为他侄孙女买了一些画册。

他的死和后来著名学者王国维自沉昆明湖，都在当时的京师引起了轰动，时人认为都是殉清之举，逊位的末代皇帝也确实立即下伪诏追赠梁济谥号，表彰忠义。然而清朝不过是一个他所追求的理想的代名词而已。1925年，徐志摩在看了梁济的遗书后，读懂了他的自杀行为，指出他是为"天理、义、信念、理想或是康德的范畴——也就是孟子所说的'甚于生'的那一点"而不惜献出自己的生命。

儒家讲求的是修身齐家治国平天下，梁济做到了前两者，但在治国上一路颠沛流离、风餐露宿而收效甚微。梁济一直希望能够施展自己的抱负，将儒家的治国理念运用于世。他说："久住京师，日与名利场中相接触，而未尝注意营求富贵。其中以不梯荣仲华（禄），不钻营肃（王）邸，最为心安之事。" 但是他不幸生于中国封建王朝最没落的时期，天朝上国的光辉早已暗淡，作为儒学门徒的他不忍转身而去、独善其身，这也注定了他一生的悲剧。

应该说，梁济并不是一个迂腐的老夫子，他所秉承的是儒家积极入世、经邦济世的理念。他已经看到了清廷的腐败没落，知道唯有新的思潮才能为这个民族注入新的活力，因此但凡是有益于家国的新思潮，他都会用包容的态度去积极地接受。

早在甲午战争之前，他就已经表现出了变革的态度和立场。对于西学，他不同于当时的顽固派，而能看到其与时代进步相一致的一面。他教导弟子们说："务必以出洋当一件正大要紧之事。勿惜费，勿惮劳，即使竭尽大半家资亦不为过。"对于变法维新，他也是热心支持，只不过由于官职较低，没有进入变法核心，因此变法失败后也未受多大牵连。但是甲午战争、庚子之变等一系列事件让他更为深刻地意识到了清政府的无可救药。

正因如此，当梁漱溟参加同盟会时，梁济也只是从国家民族和家庭道德上加以劝阻："立宪足以救国，何必革命？倘大势所在，必不可挽，则畴不望国家从此得一转机？然吾家累世仕清，谨以俟天命可已，不可从其后也。"他是在等待清朝的自行消亡，是有所准备的，这样的人怎会在清朝灭亡7年后才殉清而死呢？

其实每一次社会的变革，梁济都把它作为社会好转的机遇。1912年，清帝逊位后他曾有死志：必将死义，以救末俗。他在心底还是对革命党人抱有期待，但是，中国的局势一次次被搅乱。此后的袁世凯专制、军阀混战导致社会每况愈下，他对新理想新党派的包容和妥协并没有让他看到一个更为美好的未来。一再的失望，使得他陷入了深深的痛苦之中。

民国初年，梁启超、吴鼎昌等人就发表文章告诫世人：中国的

> 我很晓得人类是无论如何不能得救的，除非他自己解破了根本二执——我执、法执。
>
> ——梁漱溟

"国性"和民德正在日益沦丧，如果听任社会道德败坏下去，中国必然亡国，中国的命运将由中国人在德行上的振兴或堕落而决定，抛开这个基本精神去谈改革政治和社会史是没有用的。

梁济对此更有着切肤之痛。然而人微言轻的他，纵然是痛彻心扉、呼天抢地也是闻者寥寥。我心伤悲，莫知我哀。于是，死成了他最后唯一的选择。

他以这样一段话结束了自己的遗言："效忠于一家一姓之义狭，效忠于世界之义广，鄙人虽为清朝而死，而自以为忠于世界。"

他所效忠的是他的信仰，他是一个真正的儒者。"亦余心之所善兮，虽九死其犹未悔。"梁济正是用自己的生命在末世的污秽中盛开一朵鲜红的梅花。他纵身一跃，在污浊的浪潮中注入了一股清流，虽然并没有换来江澄月明，却成了他的儿子梁漱溟一生追逐儒学的源头。凤凰涅槃，置之死地而后生。中国儒学的复兴，也将由梁漱溟等一批有志之士来完成。

弦外听儒音

同盟会

全称为中国革命同盟会，于1905年8月20日在日本东京成立，是由孙中山领导和组织的海外中国人为主的一个全国性的革命政党，以「驱除鞑虏，恢复中华，创立民国，平均地权」为宗旨。

王国维

（1877—1927），中国近代著名的古文字、古史地学家，古器物、诗人、文艺理论家，哲学家，国学大师，著有《人间词话》等著作。1927年，自沉于颐和园昆明湖。

身近空门求得渡

我前生是一个和尚，一个禅宗和尚。[①]

我前生是一个和尚，一个禅宗和尚。——梁漱溟

1987年，中国佛教文化研究所成立时，94岁高龄的梁漱溟第一个即席发言。他说："我是一个佛教徒，从来没有向人说过，怕人家笑话。一个人有今生，有来生，有前生。我前生是一个和尚，一个禅宗和尚！"会后的第二年，他便安然辞世。人生百转千回，蓦然回首，往日依稀，而心中所向却是怕人笑话。今生将尽，却谈"前生"，其中滋味，沧桑几何。

梁漱溟先生一直以新儒学大家的身份为世人所尊崇和缅怀，但谁能想到他曾经数次想要遁入空门，并且在此后的70余年里坚持食素呢？谁又能想到他日后为国家鞠躬尽瘁的儒学风范里隐含着的还有佛的光辉？对于梁家来说，他这样的行为无疑是离经叛道之举。按照其家学渊源，应当子承父业、重拾儒学才对，但是比儒学烙在他心里更早宣扬的却是"苦海无涯，回头是岸"的佛学。

按照马克思主义理论，每个人都是时代的产物，只能跟随着时代的脉搏而活动，往往身不由己，如鲁迅先生弃医从文的经历，身处时代巨变洪流的梁漱溟自然也不例外。辛亥革命后，封建王朝的幕布终于合拢，时局依然动荡不安，梁漱溟就是在此时产生了厌世的思想。

厌世的思想源于对社会黑暗的认识。清帝退位，南北议和，袁世凯篡权，貌似民主的国会议员腐败至极……1912年6月，梁

①注：此处未署名或未注明出处的皆为梁漱溟先生所述。

漱溟的母亲在长期病痛之后去世了，对苦和痛的敏锐感觉使得梁漱溟不知道生有何欢，故死亦不惧。

> 真正的和尚出家，是被一件生死大事，打动他的心肝，牵动他的生命。——梁漱溟

他屡次萌生自杀的念头。两度自杀，幸而都未成功。梁漱溟在后来回忆他的这段经历时说："我渐渐晓得事实不尽如理想。对于‘革命’‘政治’‘伟大人物’……皆有不过如此之感。有些下流行径，鄙俗心理，以及尖刻、狠毒、凶暴之事，以前在家庭、在学校遇不到的，此时却看见了；颇引起我对人生感到厌倦和憎恶。"

梁漱溟出世念头之决绝在自己的婚姻之事上最为明显。18岁时，他的母亲病重，希望他能够娶妹妹的同学陈英年为妻，梁漱溟听了之后，犹豫了半晌才回话："妈，我一辈子不结婚。"母亲极度失望。父亲梁济在一旁劝解说："这个孩子是有向上心的，他总会走正路的。"就这样，他拒绝了母亲给他订婚。而在父亲的有生之年，他也没有按照父亲的期待"走正路"。从20岁开始，梁漱溟开始长年食素，且不蓄发，专心在家研读佛典，俨然一个在家和尚。

虽然身近佛门，但是梁漱溟并未能做到真正抛绝人世。毕竟他研习佛典也是出于对救世救国理想的绝望，希望佛学能帮助他参透人生，去解答现世的痛苦，普度众生。一旦有救世救国之机遇，心底被儒学的理念所打动，他又义无反顾地重新投入尘世之中。1917年，他打算到衡山出家，完成夙愿。一路上见到溃兵流窜横行抢劫、村民被害而无人去救的情景，心中十分难过，返回北京后，他写了一篇《吾曹不出如苍生何》的文章，"以示不出家，当为社会谋福利的愿望"。因为他要度的并非是自己，而是

世人。如果国人依然在苦海之中饱受煎熬，他又怎能独自离世登岸？从这一点来说，他与父亲梁济的气质是完全相同的。

身处尘世中为俗事所纠缠的梁漱溟并没有全然泯去佛的光辉，依然与佛有着一线渊源，不曾割断。

1925年春夏之交，在北大任教的梁漱溟因严重失眠，住进极乐寺养病。庙里住着一个老和尚，山东人，叫省圆法师。梁漱溟一见到他就觉得似曾相识，便每天跟老和尚一样食粥，吃完就同去散步，谈及佛学方面诸如造业、启惑、受苦等知识，十分投缘。他后来还对人说："我一生佩服再没有见过第二人。"这也是他人生中重要的佛门之缘。

日后，梁漱溟投身乡村建设运动，为国家的出路在国共两党之间辛苦周旋，固然是出于儒家的济世之志，但也不乏佛教徒悲天悯人的情怀。毕竟佛儒两派并非截然对立，宋朝的士大夫如苏轼等人不是融儒释道于一身的吗？佛的慈悲和儒的救济天下在梁漱溟的血液中共同流动，伴其一生。

南北和谈

1911年武昌起义后，袁世凯一面陈兵长江北岸，以武力威胁革命势力，一面诱使革命党人进行和平谈判。在英国的斡旋下，湖北军政府接受了和谈建议，南北双方达成停战协议，开始和谈。1912年2月12日，清帝溥仪下诏退位。次日，孙中山辞去中华民国临时大总统职务。15日，临时参议院选举袁世凯为临时大总统。南北议和结束。

回归儒家，浴火重生

呜呼！痛已！儿子之罪，罪弥天地已！

无论对他本人还是对他的家族而言，梁漱溟钻研佛学都被认为是走入了一条歧路，这也注定了他不会在这条道路上走得太远。说来却也有趣，原本是佛学将他牵离了儒学，但他后来回归儒学也是由佛学牵的线。

事情要从梁漱溟的朋友黄远生说起。

黄远生是民国初年新闻界的奇才，袁世凯称帝前夕袁世凯的亲信硬逼他写赞成帝制的"劝进"文章，他不得已而为之。袁世凯

死后，黄远生逃到美国想要远离政治纷争，激进的革命党人依然视他为袁世凯的附逆，不惜派人远渡重洋将其杀死。

梁漱溟听闻消息后非常伤感，后悔没有把自己所知道的佛学中的人生道理告诉黄远生，于是写了一篇《究元决疑论》的文章，这也是梁漱溟佛学研究之精要。这篇文章把古今中外学者，如西方的康德、叔本华，中国的梁启超、章太炎等人在哲学上的论述统统批评了一通，而独推崇佛家，在学术界引起了极大的轰动。当时的北大校长蔡元培正想请人讲授印度佛学，看了这篇文章后便力邀他前去北大任教。于是，年仅24岁的梁漱溟就此登上了北大的讲坛，这在当时的文化界着实热闹了一番。

梁漱溟和他父亲一样，也在当时激进的氛围之中感受到了文化危机带来的震动。当时的北大文科学长陈独秀已将《新青年》杂志迁到了北京，"提倡新文化，反对旧文化"的口号对血气方刚的青年有着强大的感召力，于是主张兼容并包的北大校园里一片"打倒孔家店"之声，嚷着要埋葬中国的过去，将中国的传统文化贬得一文不值。梁漱溟在心思上虽然依然倾向佛学，此时却"暗下决心，一定要对释迦、孔子两家的学术，至少在课堂上负一个讲明白的责任"。因为一个否认自己文化的民族是危险的。

于是，梁漱溟第一日上任授课前，先跑去校长室问了蔡元培一个问题，问他对孔子持什么态度。因问得突然，蔡元培沉吟了一会儿才作答道，我们并不反对孔子，儒家的学说作为一门学问，应该研讨；儒家学说在历史上和当今政治、思想、文化上的地位及影响，可以有争论。梁漱溟听了当即表态，他进北大，就是为了阐释释迦和孔子的学问。

最初，他虽然本着学术的态度去接触儒家，但并未从心理上真正接受。真正被儒学折服是在他认识到儒家的智慧、豁达的态

度之后。为了"替释迦、孔子作发挥"，他开始研读儒学经典。因为自小就读的是新式学堂，所以梁漱溟对儒学的研究基本上是从零开始。他从头苦读儒学，领悟其中的真谛，最终自学成为儒学大家。

首先打动梁漱溟的是《论语》中的"乐"字。当时的他脑子中尽是佛家所说的人世之苦、苦海无涯、寻求得度。而儒家通篇在讲乐，虽然有忧与之相对，但是孔子又说"仁者不忧""乐以忘忧"。梁漱溟此时感到了一种新奇、奇妙的思想，像是山洞中徘徊已久的人眼前忽然出现了一抹亮色。正是在与孔子的对话中，他蓦然惊醒，开始从佛学的沉迷中解放出来，重返救国济世之路。

1918年，梁济自沉积水潭。父亲的死更是对梁漱溟的当头棒喝。他在文章里公开责备自己说："呜呼！痛已！儿子之罪，罪弥天地已！"他后来在《思亲记》中沉痛地说道："我的出世思想，好读佛典，志在出家为僧，父亲当然大为不悦。"而父亲在世时，他一直没能迷途知返。他曾回忆说，父亲投水自杀前同他谈话，反复叹息询问：这个世界会好吗？现在，他也将背负父亲未完成的思考，独行于探究中国命运的道路上。

梁漱溟曾以不婚来昭示自己出世的立场，为此不惜违背父母之命；当他决心献身儒学时，结婚也不再被他拒之于外了。1921年，好友伍庸伯给他介绍了自己的妻妹，一位姓黄的满族姑娘。梁漱溟虽不特别倾心于她，但他既不想让伍庸伯为难，也不想多费周折，于是便成婚了。这一年冬天，他终于成了一个孝子，"率新妇拜公遗像而哭"。婚姻成了他祭奠父亲、投身儒门的仪式。

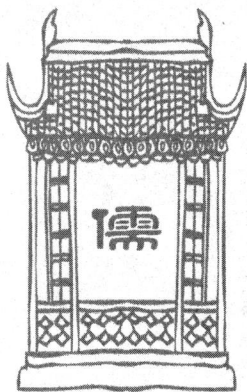

这位夫人于1935年去世，梁漱溟为此写了一首诗以纪念她：

我和她结婚十多年，

我不认识她，她也不认识我。

正因为我不认识她，她不认识我，使我可以多一些时间思索，

多一些时间工作。

现在她死了，死了也好；

处在这样的国家，

这样的社会，

她死了使我可以更多一些时间思索，

更多一些时间工作。

言辞之中并无沉痛，只有斯人已逝的哀婉和无奈。

1944年，他与比自己年轻6岁的桂林教员陈淑芬结成伉俪，相伴一生。

金庸在《神雕侠侣》里评论说：一个人从生到死、从死到生地走一遭，无论求死之意有多坚决，也再难自寻短见了。对于由佛堂回归世俗的梁漱溟来说也是如此，他已经做好足够准备去正视惨淡的现实，此后无论他对中国的现况有多么失望，都不曾绝望和背离。

13

凤凰涅槃

黄远生

被称为「中国第一个真正现代意义上的记者」，创办和主编了《少年中国》周刊，他以自创的「远生通讯」对当时的重大问题都进行了及时而深入的报道。因其出身进士，能够和当时的政界要员接触，采访到一般记者难以得知的消息，观点新颖且深刻，时人赞誉他的文章为「洞朗轩辟，幽隐毕达」。

涅槃是佛语，指的是超脱生死或入于不生不灭境界。神话中说，凤凰每次死后，会周身燃起大火，然后在烈火中获得重生，并获得较之以前更强大的生命力，如此周而复始，凤凰获得了永生。

> 黄远生本质是好的，内怀有向上自爱之心，底子是很好的人。
> ——梁漱溟

尚情无我，匹夫安可夺志

> 三军可夺帅也，匹夫不可夺志。
> ——孔子

美国学者艾恺这样评价梁漱溟："梁漱溟是一个文化守成主义者，他的思想在当下不易为人们所接受。不过，一百年后回顾20世纪中国的思想家，或许只有他和少数几个人才经得住时间的

考验，而为历史所记住。"正如儒家文化在数次沉寂后又逐渐为世界所认同一样，梁漱溟在当时虽然没有能够使得中国按照他所理想的方向走去，但是今天人们所感受到的光芒，正是来自他那满腔报国之情，以及他对中国出路的独特思考。

西学在中国狂飙突进之际，激进的青年们信奉"不破不立"，把传统文化视若仇雠，以之为敌，穷追猛打。梁漱溟并没有盲目地随波逐流，而是冷静地对中国的历史文化进行了思考。思考后的结论是："返本开新"、援西学入儒，由此来复兴中国文化。他也由此被誉为中国新儒学的创始者。梁漱溟除了新儒学思想为世人所铭记外，另一个就是他的乡村建设理论。

有句俗话如此评价中国的知识分子：百无一用是书生。在国家动荡的时候，太多的文人只懂得纸上谈兵，甚至有儒生误国的言论，因此汉代班超的投笔从戎才显得如此意气风发，唐代的杨炯才有"宁为百夫长，胜作一书生"的诗句。梁漱溟并不是空谈性命者，而是用自己的实际行动去实践自己的理想。

他的乡村建设理论其实就是新儒家理论的具体化。当时中国的政界你方唱罢我登场，各种名义的大小战争接连不断。梁漱溟认为战争解决不了中国的问题，把乡村建设作为中国的唯一解救之道，说："乡村是中国社会的主要构成部分，只有农村兴盛了国家才能兴盛。"

当时还在北大任教的梁漱溟，授课的同时就在思索如何建设一个新的社会、这个社会应当是怎样的这些问题。从1922年起，他的身边聚拢了许多朋友，过着一种集体生活，大家一起读书，一起讲学问，一同生活。这成了他以后所实验的乡村建设的雏形。

梁漱溟和毛泽东一样，都对中国农村的现实进行过认真的调查并且把农村摆到了中国革命的战略地位上，但是提出了不同的出路。他们的分歧在于：梁漱溟始终不承认在中国有阶级的存在，因此也否认阶级斗争。毛泽东提出了"农村包围城市"的革命道路，而梁漱溟寄希望于从农村到城市的教育救国之路。他认为中国的问题根本不是谁对谁革命，而是改造文化、民族自救的问题，因为这么多年的大小战争并没有把中国推向更好的道路。他说，"中国革命必出于知识分子"，要实现教育救国这一目标，应该让革命的知识分子下到乡间去，与乡间人由接近到交融。不同的是，毛泽东是让知识青年去接受贫下中农教育，改造自己；而梁漱溟则是"要乡间人磨砺变化革命知识分子，使革命知识分子转移变化乡间人；最后二者没有分别了，中国问题也就解决了"。

梁漱溟是一位身体力行的社会活动家，他不仅提出了理论，还亲自实践。20世纪30年代初，梁漱溟在山东邹平搞乡村建设试验区的时候，长期在农村生活，只有过年才回家住几天。新中国成立后，毛泽东就对他说："梁先生从前在山东、河南农村搞过乡村建设，你可以去看看那些地方解放后有何变化。"毛泽东对他的救国精神是极为敬重的。

这种实验在当时战火纷飞的时代更显得独树一帜，如同世外桃源，但是乌托邦的美梦一次次地被火所惊醒。梁漱溟辗转广东、河南、山东各地，卢沟桥事变发生后，他不得不放弃。因为他意识到自己必须正视家国倾覆之忧了，沦陷之国无文化复兴可言。于是他毅然于1937年结束了山东的乡村建设工作，全力以赴为抗战而奔走。

兵临城下，国人自当同仇敌忾。他为此数次面见蒋介石，甚至只身赴延安去见共产党，希望中国从此能够团结统一，这样不仅

外患可定，日后内忧亦随之可消。"皖南事变"发生后，国共合作面临破裂，梁漱溟再次从中积极周旋，频频奔波于两党之间，希望能够组织一个联合委员会，来牵制国民党的一党专制，但他的行动在国民党的一再推诿搪塞之后无果而终。尽管如此，他一直没有放弃用最小的代价换来国家安定的信念，直到新中国成立。在这一点上，他充分展示了儒家"知其不可为而为之"的毅力和风范。

梁漱溟的身上有着太多的书生意气，毕竟国共两党之争确实并非他所能够左右，但是梁漱溟化身铸剑的勇气、胆识和魄力我们无论如何无法漠视。对他来说，这就是他所崇仰的尚情无我的境界——将自己完全融入家国的命脉之中，不为自己之喜怒而喜怒。

弦外听儒音

跟着梁漱溟学儒

乌托邦

英文中，这个词来自两个希腊语的词根，「ou」是「没有」的意思（一说「好」的意思），「topos」是「地方」的意思，合在一起outopos就是指「没有的地方」或者「好地方」。最早出自于托马斯·莫尔出版于16世纪初的《乌托邦》，它寄托了人类美好的但是却遥不可及的憧憬和梦想。

上篇

异峰突起，细数儒学大师

司马迁说："天下君王至于贤人众矣，当时则荣，没则已焉。孔子布衣，传十余世，学者宗之。自天子王侯，中国言六艺者折中于夫子，可谓至圣矣！"孔子之所以被尊为"天下文官祖，历代帝王师"，就在于他开创了对后世影响很大的儒学。儒学破土而出之后，千年之中又为很多圣贤所培育，一直走到今天。

第一章 天不生仲尼，万古长如夜

海纳百川，有"仁"为大

仁是一种柔嫩笃厚之情，是一种很真挚敦厚充实的样子，是我们所固有的生命发出来的。

一部《论语》，质朴无华，几无修饰，因为是对孔子日常之中言谈的随录，故其中的一言一行都是他真心的自然流露。孔子往往是不假思索、未经雕饰便脱口而出，真率而不做作。但通篇读下来，有时不免困惑，明明是同一个词，为何解释如此不同？如果要问《论语》在说什么，一言以蔽之，便是"仁"。但是对"仁"这个概念，孔子对学生给出的答案却千姿百态。

仲弓问仁，子曰："出门如见大宾，使民如承大祭；己所不欲，勿施于人；在邦无怨，在家无怨。"（出门办事如同去接待贵宾，使唤百姓如同去进行重大的祭祀，都要本着认真严肃的态度。自己不愿意要的，不要强加于别人；做到在诸侯的朝廷上没人怨恨自己，在封地里也没人怨恨，这样的人称得上是仁者。）

樊迟问仁，子曰："居处恭，执事敬，与人忠。"（这里的仁是指无论何时何地都应该恭敬认真、对人真诚。）

司马牛问仁。子曰："仁者，其言也讱。"曰："其言也，斯谓之仁已乎？"子曰："为之难，言之得无讱乎？"（仁人说话是慎重的，因为做起来很难，所以要警惕言过其实。）

子曰：克己复礼为仁。（克制自己，让自己的行为符合礼的要求，这就是仁。）

……

解释如此之多，那么仁究竟为何物？想从中找到确定的概念以应对考试的人必然会失望。毕竟《论语》不是一本教科书，孔子也不是喜欢让学生死背概念的老夫子，他所做的往往是四两拨千斤，在三言两语之中给你一些点拨让你自己去领悟，这是一种类似于苏格拉底式的通过思辨来交流的授课。在弟子和孔子的对话中便能发觉仁的内涵非常广阔，因为他已经把各种美德都纳入了这个范畴里。行为处世恭敬有礼、与人为善、忠实厚道、孝敬父母等都是仁。仁是一切美德之源，换言之，人身上所体现的每一种美德都是仁的化身。

仁其实并不复杂，它就是人之本心，是一种柔嫩而敏感的情感，比如见到花开会欣喜，听闻流水会动心，灵思一动，便是仁。梁漱溟先生说，仁是一种柔嫩笃厚之情，是一种很真挚敦厚充实的样子，是我们所固有的生命发出来的。这种天真纯然是不自觉地从我们身上自然地流露出来的，而我们又不自觉地跟着它的指引去做，唯有这样才能心安。这样的人知道如何在生活中以仁爱之心去待人接物，孔子自己就是这样的人。

一次，一位名叫冕的大乐师来看孔子。由于这位乐师双目失明，所以孔子亲自出来接他。孔子小心地扶着他，快要上台阶时，告诉他这里是台阶了。到了席位时，孔子又说这里是席位了，请坐吧。等大家坐下来，孔子就对他说某先生在你左边，某先生在你对面，把同席的人一一详细地告诉他。

等乐师冕走了，学生子张就问："老师，你待他的规矩这样多，处处都要讲一声，待乐师之道，就要这样吗？"孔子说："当然要这样，我们不但对音乐师要如此，对任何这样眼睛看不见的人，都应该这样。"

仁者都是听从内心的指引去处世，不需要旁人提出要求，就如同下雨了便要撑伞一样自然。孔子能够推己及人、设身处地地为他人着想，正是源于他的仁爱之心，懂得急人之需。在他看来，有仁心之人都应如此，自然也就痛恨那些不仁之举。

宰我说："要为父母守孝三年，太久了。"孔子说："你在这段时间里如果锦衣玉食，能安心吗？"宰我说："能。" "既然心安你就去做吧。君子在丧期里，看到美食没有胃口，听到音乐也

不快乐，住在豪宅里心里也不安心，因此不会这么做。现在你能做到安心就做去吧。"宰我离开后，孔子说："他真是没有仁爱之心啊，出生后三年才能离开父母的怀抱，三年的丧期是天下通行的。他也应该守孝三年来回报父母之爱呀。"

　　孔子认为君子不可能在父母丧期之内安心地享受舒适的生活，这才是人之常情、仁之表现。而宰我不仁就是因为他没有尽为人之子的礼仪却还能安之若素，这是孔子所看不惯的。因为守孝是对父母敬爱的一种表现，如果对父母这点心意都没有，怎么还能算得上是仁呢？

　　孝悌是最基本的仁，因为人人亲其亲，才能对旁人也怀有爱，才能心怀善意地对待身边的万事万物，在点滴之间折射出仁的光辉。子"钓而不纲，弋不射宿"。不用细网捕鱼，不去射杀还巢的鸟，扶盲者上台阶，这不过是琐屑微小之事。但泰山不让寸土方能成其大，事无巨细都能本着仁爱之心去做，此方能谓之大仁。

有教无类

孔子以前，「学在官府」，只有贵族子弟有权受教育。同时也只有贵族子弟才有当官的资格。孔子则认为人人都可以接受教育，没有贫穷、地域的区分，因此创办私学，成为伟大的教育家。

《诗经》

中国最早的诗歌总集，收集了从西周初期至春秋中叶大约500年间的诗歌305篇。先秦称为《诗》，或取其整数称《诗三百》。西汉时被尊为儒家经典，始称《诗经》。据考证，孔子曾经为《诗经》正过乐。

君子不器，左右逢源

生命是体的根本，仁是真正生命，是活气。

《论语》中总是提到两种对立的人，一是君子，一是小人。孔子说："质胜文则野，文胜质则史。文质彬彬，然后君子。"质是人们天生便有的东西，是梁漱溟先生所说的生命之理，即"仁"；文则是后天的修养，需要"吾日三省吾身"，方能用恰当的言行将"仁"表现出来，合乎中庸之道；稍有偏差，即是"违仁"。可见要达到文质彬彬境界之难，孔子也承认自己在70岁时方能做到"从心所欲不逾矩"。要达到这一境界，孔子特别强调了一点："君子不器。"

什么叫作器？朱熹将之解释为："器者，各适其用而不能相通。成德之士，体无不具，故用无不周，非特为一才一艺而已。"用途一定而不能通用的东西称为器。器最基本的特点就是僵化，这与仁也是相对立的。梁漱溟先生说，仁是真正生命，是活气，它的气息是一种朝气，是新鲜的。器却是"暮气颓唐，是腐旧的"。不器就要求人们将生命的流动灌注于生活，让生活富有生机。

器皿往往容量一定，极易填满，而且已经定型，难以改变，不能改作他用。与之相对，君子则应当做到"不器"：要有海纳百川的胸怀，而不是像器具那样过满则溢；要学会灵活处世，毕竟每个人都是不同的锁，自己不可能用同一把钥匙去打开所有的锁；真正的君子还应该是通才，精而不专，不限于一两种技艺，别像程咬金的三板斧那样，舞弄几下就没了。多少英雄叹自己无用武之地，君子则应该博众家之长，把自己历练成于国于家的有用之材，而不是把自己局限于一个狭窄的小空间里。

"不器"的第一重义是胸怀。子曰："君子成人之美。"即一种既能入乎其内，又能出乎其外，站在更高的层次上来看待世事的情怀，一种极目楚天舒的境界。

谢原生活在唐朝，精通辞赋，善作歌词，所作的歌词在民间流传甚广。

有一年春暖花开的时候，谢原到张穆王府上做客，张穆王亲自盛宴款待他。饮酒畅谈之余，张穆王让自己的小妾谈氏在帘子后面弹唱助兴，动听的歌声徐徐传来，谢原仔细一听，歌词是如此熟悉，谈氏唱的正是自己所作的一首竹枝词。张穆王见谢原听得十分出神，干脆叫谈氏出来拜见。谈氏长得貌美非凡，袅娜娉婷，她把谢原所作的歌词都唱了一遍。

谢原十分高兴，如遇知音，对谈氏产生了爱慕之情。他站起来说："承蒙夫人的厚爱，在下感激不尽，只不过夫人所唱的是在下的粗浅之作。我应该重作几首好词，以备府上之需。"次日，谢原即奉上新词八首，谈氏把它们一一谱曲弹唱，两人配合得十分默契。这样一来，谢原和谈氏日久生情，终于有一天，谢原忍不住向谈氏表白了。谈氏虽然心里欢喜，但自知是张穆王的小妾，身不由己。

于是，谢原亲自去拜见张穆王，请求张穆王成全。

在去见张穆王之前，谢原已有心理准备承受他的怒气。但张穆王听说后却哈哈大笑起来，说："其实我早有此意。虽然我也喜欢她，但你们两个是天生的一对。一个作词，一个谱曲；一个吹拉，一个弹唱。你说，这不是天造地设的一双吗？我怎能不成人之美呢？"

谢原没有想到张穆王如此大度。为报答张穆王，谢原把此事作成词，谈氏把它谱成曲，四处传唱。张穆王成人之美的美名马上传播开来，很多

跟着梁漱溟学儒

有识之士都来投靠他。

君子的雍容大度在张穆王身上得到了很好的体现，孔子若知此事，当说："君子成人之美，此张穆王之谓也。"把美好的事情作为一种精神上的追求，能够在此得到乐趣，而不去计较自己的得失，这才是君子之风。在待人接物上，君子更懂得变化之道，能够随机应变、随物赋形。孔子并不是迂腐的老夫子，他眼中的君子不是呆板僵化的，而是懂得智慧的价值之人。

徐文远是隋朝的国子博士。隋朝末年，洛阳一带发生了饥荒，徐文远只好外出打柴维持生计，凑巧碰上李密，于是被李密请进了自己的军队。李密曾是徐文远的学生，他请徐文远坐在上座，自己则率领手下兵士向他参拜行礼，请求他为自己效力。

徐文远对李密说："如果将军你决心效仿伊尹、霍光，在

危险之际辅佐皇室，那我虽然年迈，仍然希望能为你尽心尽力。但如果你要学王莽、董卓，在皇室遭遇危难的时刻，趁机篡位夺权，那我这个年迈体衰之人就不能帮你什么了。"

李密答谢说："我敬听您的教诲。"

后来，李密战败，徐文远归属了王世充。王世充也曾是徐文远的学生，他见到徐文远十分高兴，赐给他锦衣玉食。徐文远每次见到王世充，总要十分谦恭地对他行礼。有人问他："听说您

对李密十分倨傲，但对王世充恭敬万分，这是为什么呢？"

徐文远回答说："李密是个谦谦君子，所以像郦生对待刘邦那样用狂傲的方式对待他，他也能够接受；王世充却是个阴险小人，即使是老朋友也可能会被他陷害杀死，所以我必须小心谨慎地与他相处。我针对不同的人而采取相应的对策，难道不应该如此吗？"

等到王世充也归顺唐朝后，徐文远又被任命为国子博士，很受唐太宗李世民的重用。

许文远在和三个人相处中都能保全自己，就在于他洞察世事，懂得用不同的钥匙去开不同的锁。此"君子不器"之第二义。

第三重义就是要求君子成为"通才"。这个词很容易让人想到曹丕在《典论·论文》里对建安七子的点评："夫文本同而末异，盖奏议宜雅，书论宜理，铭诔尚实，诗赋欲丽。此四科不同，故能之者偏也；唯通才能备其体。"七子文体上各有所长，但都不是通才，曹丕自己也并没有找到这样的人，而在现实生活中又有几个身兼数艺的人呢？可见孔子对君子的要求何等之高！

孔子的学问本就源于生活，其归宿也在于生活，梁漱溟先生称儒学为实践之学也是此意。《论语》中所体现的不仅有孔子对人生的态度，还能从中领悟到生活的艺术，而他所说的君子就是这样一个能在生活中游刃有余的理想人物。只有像君子一样做到不器，方能触水逢春、左右逢源。

《典论·论文》

《典论》是曹丕的一部学术著作，全书已佚，《论文》是其中唯一完整保存下来的一篇，是中国文学批评史上第一部文学专论。《典论》的出现，提高了文学的地位。

建安七子

曹丕对建安年间七位文学家的合称，包括孔融、陈琳、王粲、徐干、阮瑀、应场、刘桢。「七子」之称，始于《典论·论文》。

乐以忘忧，陶醉生活中

孔子是靠趣味去生活的。

孔子是一位温厚的长者，被后人追为圣人，世人对他的定位总是忧国忧民、一脸严肃的神态，仿佛他生来就是为了天下苍生而活，修身的目的也只是为了齐家、治国、平天下，而没有自己的生活情趣。他曾说："道不行，吾将乘桴浮于海。"如果一日过上了逍遥自在的日子，反倒是不快活的无奈之举。这样的生活不是太过沉重了吗？难免令人敬而远之。

他们的生活真的如此枯燥乏味而不快活吗？梁漱溟先生给了我们对孔子生活的另一种解释。在他看来，孔子是靠趣味生活的：个性特别的人，里面充足的人，他的直觉很强。所以孔子追求功业，但这个功业不能大过生活，他是一个非功利派，其实他是顶富于趣味的。

孔子竟和趣味挂上了钩，多少有些令人意外。梁漱溟先生说："天下最危险的事，就是怕人没有生趣……人好的行为，通统是从和乐的心理出来……他心里是和乐的，这种和乐就是生趣。"孔子不正是在做着"好的行为"吗？从快乐中得到生趣，这就是孔子原本的生活真相。当初儒家最吸引梁先生之处也就在于《论语》满纸皆乐。生活本身就是乐的，而孔子又是一个严肃地对待生活的人，这样的人怎会让自己的生活乏味呢？

孔子还曾说过："知者乐水，仁者乐山；知者动，仁者静；知者乐，仁者寿。"

不管是智者还是仁者，他们都能从山水之中敏锐地捕获和自己最相契合的事物，天地之间，花鸟鱼兽，自来亲人，这种生活不正是极富诗情画意的吗？

当然除了乐，孔子也承认生活中有"忧"，即不那么快乐的事情的存在，"君子忧道不忧贫"。孔子说忧，但是不说苦。在他看来生活虽有不顺心，但肯定是美好的，不至于让人痛苦。他还为我们排忧找到了一条轻松的出路：乐以忘忧。看似同语反复，不忧即

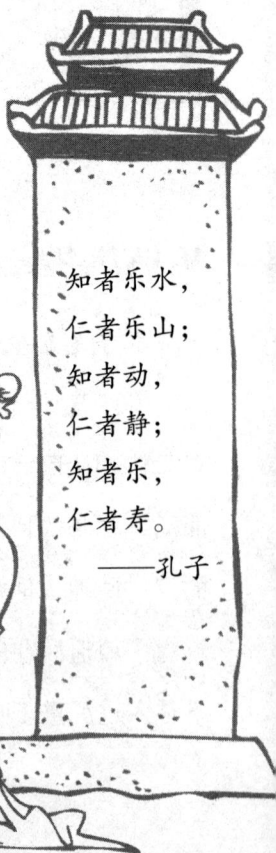

知者乐水，
仁者乐山；
知者动，
仁者静；
知者乐，
仁者寿。

——孔子

是乐，其实自有道理在其中：如果心里时时充满着柔和快乐的感觉，哪里还有空间留给忧呢？

无论是忧还是乐，都是对待生活的态度，是从心里生发出来的，与环境无关。即便是清贫的生活，依然是富有趣味的。刘禹锡在《陋室铭》中写道："斯是陋室，唯吾德馨。"自己的气质能令"苔痕上阶绿"的陋室生香，自己乐在其中，又何陋之有？孔子最欣赏的学生颜回正是这样："一箪食，一瓢饮，在陋巷，人不堪其忧，回也不改其乐。""民生各有所乐兮，余独好修以为常。"这种生活的趣味正如陶渊明《饮酒》诗中所言，"此中有真意，欲辩已忘言。"妙不可言，不可言传。

生活的乐趣人人都心向往之，孔子也不例外。他不是苦行僧，借现在的苦难去换取日后的光辉，而是在人生的长途跋涉中收获着点滴的快乐，乐以忘忧，这才是智者。在他眼里，生活的每个细节都隐含着不尽的趣味，值得细细咀嚼。

食不厌精，脍不厌细。食饐而餲，鱼馁而肉败，不食。色恶，不食。臭恶，不食。失饪，不食。不时，不食。割不正，不食。不得其酱，不食。肉虽多，不使胜食气。唯酒无量，不及乱。沽酒市脯不食。不撤姜食，不多食。

孔子的生活何等精致：饭食越精细越好，鱼肉越细美越好。饭食放久了味道就会变，鱼肉也会腐烂，这些都不吃。颜色不好看的不吃，气味臭的不吃。烹饪的火候不对不吃。不到吃饭的时间不吃。切肉的刀工不合度不吃。酱配得不对不吃。肉虽然多，但不能让吃肉的分量超过粮食的分量。只有酒没有规定用量，以不喝醉为限。买来的酒和干肉不吃，不去掉姜的食物少吃。这般琐屑且细致的要求，足以令今日以享受生活标榜自己的小资们也

望尘莫及，谁能说他不会享受生活呢？

这样的孔子，不只是风尘满面地奔波于各国之间，也不仅仅正襟危坐于学堂上对学生耳提面命。他会对着一堆美食喋喋不休，也会在冬日风雪中看万树凋零而松柏独全。这样的孔子，身后没有道德高地做背景，岂不是可爱得很？

待价而沽

子贡得一美玉，来问孔子，是要收藏，还是找个识货的卖掉。孔子大声叹道："沽之哉！沽之哉！我待贾者也！"意为：卖掉吧！卖掉吧！我正等着识货的人呢。《红楼梦》中有一联为"玉在椟中求善价，钗于奁内待时飞"，化用的正是这个典故。

凤歌笑孔丘

孔子曾去楚国游说楚王。接舆在他车旁唱道："凤兮凤兮，何德之衰？往者不可谏，来者犹可追！已而！已而！今之从政者殆而！"嘲笑孔子迷于做官。后来李白有诗云：我本楚狂人，凤歌笑孔丘。

心中自有青山在，世事纷扰如蛛丝

原来心是自然的，现在变成了勉强的，到后来这种勉强的反成为自然的了。因为我们的心原来没有杂念才自然，有杂念就是勉强。

司马迁说，人穷则反本。在生活停滞不前、走投无路之时，人就会转而去追寻宇宙的起源、人生的意义等玄而又玄的问题。这种困惑往往源于自己生活中的混乱，梁漱溟先生称之为生命的滞塞。生命如水流动，一旦滞塞便会混浊，让你看不清生命的真谛。生活之乱，正是因为心被他物所遮掩了，人会变得惶惑不安，不知何去何从。

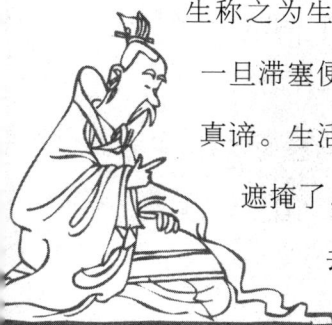

梁漱溟先生曾说："我们生活之乱是由于心跟着念跑。原来心是自然的，现在变成了勉强的，到后来这种勉强的反成为自然的了。因为我们的心原来没有杂念才自然，有杂念就是勉强。现在有杂念反成了自然，而没杂念竟成了勉强，仿佛要想法去恢复安和泰然反成了难能之事。"当自己的心被外面的东西所牵绊时，各种力量牵着你往不同的方向走，言行举止就会显出勉强，进退维谷。要摆脱这种状况，当然是要排除杂音，专心地听从心的指引。如何才能顺心率性而行，不让杂念扰乱自己的生活呢？千年前的孔子就给出了答案："三军可夺帅也，匹夫不可夺志也。"

一个有志之士，在面对外界的诱惑纷扰时，咬定自己心中的青山，如此才不至于随波逐流、摇摆不定，把生活搅成一团乱麻。王安石说："不畏浮云遮望眼，只缘身在最高层。"自己的心志若能像北斗星常悬于空，怎会迷失方向呢？

并非每个人都是有志之人。秦相李斯就是一次次在犹豫中被拖入了泥淖，深陷难出。他在权力的面前，一次次妥协。本该忠于秦始皇的遗嘱，却为赵高收买；原该急流勇退保全自己，却在死前才和一起被关在狱中的儿子叹息："吾欲与若复牵黄犬，俱出上蔡东门逐狡兔，岂可得乎？"

而孔子则用他颠沛流离的后半生证明了自己的匹夫之志。他在周游列国时年事已高，几次到了穷途末路，但他坚持奔走，如同那位追赶太阳的夸父。

鲁定公十三年（前497），齐国送80名美女到鲁国，季桓子接受了女乐，君臣迷恋歌舞，多日不理朝政，孔子非常失望。不久鲁国举行郊祭，祭祀后按惯例送祭肉给大夫们时并没有送给孔子，这表明季桓子不想再任用他了，孔子不得不离开鲁国，开始了周游列国的旅程。这一年，孔子55岁。

孔子带弟子先到了卫国，卫灵公开始很尊重孔子，按照鲁国

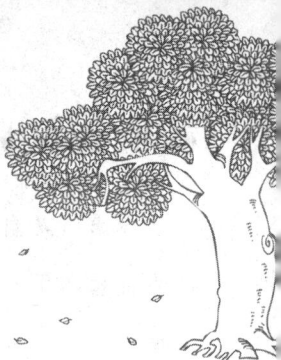

的俸禄标准发给孔子俸粟六万，但没有给他什么官职，也没让他参与政事。孔子在卫国住了约10个月，因有人在卫灵公面前进谗言，卫灵公对孔子起了疑心，派人公开监视孔子的行动。于是孔子离开卫国，打算去陈国。路过匡城时，被人围困了5日。逃离匡城，到了蒲地，又碰上卫国贵族公叔氏发动叛乱，再次被围。逃脱后，孔子又返回了卫国，卫灵公听说孔子师徒从蒲地返回，非常高兴，亲自出城迎接。此后孔子几次离开卫国，又几次回到卫国，这一方面是由于卫灵公对孔子时好时坏，另一方面是孔子离开卫国后，没有去处，只好又返回。

鲁哀公二年（前493），孔子59岁，他离开卫国经曹、宋、郑至陈国，在陈国住了3年，吴攻陈，兵荒马乱，孔子便带弟子离开。楚国人听说孔子到了陈、蔡交界处，派人去迎接孔子。陈国、蔡国的大夫们知道孔子对他们的所作所为有意见，怕孔子到了楚国被重用，对他们不利，于是派服劳役的人将孔子师徒围困在半道，前不靠村，后不靠店，所带粮食吃完，绝粮7日，最后还是子贡找到楚国人，楚派兵迎孔子，孔子师徒才免于一死。孔子64岁时又回到卫国，68岁时在其弟子冉求的努力下，被迎回鲁国，但仍是被敬而不用。

梁漱溟先生说："'匹夫'就是独自一个，无权无势。他的最后一着只是坚信自己的'志'。什么都可以夺掉他，但这个'志'没法夺掉，就是把他个人消灭掉，也无法夺掉！"

虽然孔子自谦是一介匹夫，但他所说的匹夫自有一股傲然之气，风雨不侵，令人敬畏。富贵不能淫，贫贱不能移，威武不能屈，此孔子之谓也。匹夫之志，纯粹而干净，这也就是孔子一生守护的信仰。在当时混乱的局势中不乏朝三暮四的政客，蝇营狗苟，见风使舵，一个不小心来

不及转向就葬身波涛之中。孔子不然，虽然周室衰微、礼乐崩坏，他匡复周礼的主张难以实行，实际上也少有君主真心推行，但那是他心中向往到达的青山，即便穷尽一生之力以求之，一如汤显祖笔下的杜丽娘，"月可沉，天可瘦，泉台可暝，獠牙判官可狎而处，而'柳''梅'二字，一灵咬住，必不肯使劫灰烧失"。对孔子而言，只要咬住了自己心中的志气，其余的风雨或诱惑都不过是杂音，于是将它们都似蛛丝那般轻轻拂去，只留得心中一片清明。

爵位制度

周代分贵族为公、侯、伯、子、男五等爵，封地均称国，在封国内行使统治权。各诸侯国内，置卿、大夫、士等爵位，楚国等置执圭、执帛等爵。卿、大夫有封邑，对封邑也可以行使统治权，受命于诸侯。

周公

姓姬名旦，相传其言论见于《尚书》诸篇，被尊为儒学奠基人，是孔子最崇敬的古代圣人，他制礼作乐，建立典章制度。《论语》中孔子曰："甚矣吾衰也！久矣吾不复梦见周公。"

汤显祖

明代戏曲家，代表作《牡丹亭》，他的老师罗汝芳是泰州学派的代表人物，以发人『良知』和济人急难闻名于世。

第二章 孟子取义，浩然为生

义由心生，但求无愧于心

义本来是出于主观的情理，并不是客观的事理。故义非在外而在内也。

"生，我所欲也；义，亦我所欲也，二者不可得兼，舍身而取义者也。"

几千年前的孟子在生与义的博弈中，毅然做出了掷地有声的选择，这一回响至今流传。匈牙利著名诗人裴多菲有一首诗和孟子舍生取义的慷慨呐喊一样，曾在革命年代激励了无数的仁人志士："生命诚可贵，爱情价更高；若为自由故，两者皆可抛。"

在孟子看来，义是和生命融为一体而又高于生命的。生命自然宝贵，但是在非此即彼的抉择中，总会有些东西让我们甘愿为之舍弃生命，义就是其中之一。如果没有了义，生命将是苍白而空洞的。若能够尽全力去维护，那么正如孟子所言，"学问之道无他，求其放心而已"。心中平静了，纵然是死也能如秋叶般静美。

可是义是从哪里来的呢？孟子不是像孔子那般在三言两语中缓缓吐露。他具有战国时期纵横家的辩论气势，很多观点都是在和告子的精彩辩论中提出的，关于义的由来也是如此。

告子说："食欲、性欲，是人的天性。仁是生自内心的，不是外因引起的；义是外因引起的，不是生自内心的。"

孟子说："凭什么说仁是生自内心而义是外因引起的呢？"

告子说："他（比我）年长，我便尊敬他，不是预先就有'尊敬他'的念头在我心里的；好比他（肤色）白，我便认为他白，是由于他的白显露在外的缘故，所以说（义）是外因引起的。"

孟子说："白马的白，没有什么区别于白人的白，不知道对老马的尊敬，也没有什么区别于对长者的尊敬的吗？再说，是认为长者那里存在义呢，还是尊敬他的人那里存在义呢？"

告子说："是我弟弟，我就爱他；是秦国人的弟弟，就不爱他，这是由我决定爱谁的，所以说（仁）是生自内心的。尊敬楚国人中的长者，也尊敬我自己的长者，这是由对方年长决定的，所以说（义）是外因引起的。"

孟子说："爱吃秦国人烧的肉，同爱吃自己烧的肉是没有什么区别的，其他事物也有这种情况，那么爱吃肉也是由外因引起的吗？"

在这场辩论中，孟子对义阐述得很明白。梁漱溟先生对此也说："义本来是出于主观的情理，并不是客观的事理。故义非在外而在内也。义和仁一样，都是从心里开出的花朵，它们共同指引着人顺着善的方向前进，最后回归到的也是心安而已，不可能从外面去找寻平衡。"

楚汉相争时，韩信发兵袭齐。齐军败退，齐将田横为图复国之计，自立为王，率部属五百人隐入海岛（即今田横岛）。

公元前202年，刘邦建汉称帝，派使者来岛招降："田横来，大者王，小者封侯，不来则举兵加诛。"田横出于"国家危亡，利民至上"的思想，为保全五百部属性命，毅然带着两名随从前往洛阳朝见刘邦。但行至洛阳30里外的尸乡时（今河南偃师），田横获悉刘邦召见的目的旨在"斩头一观"，愤然对随从说："当初我和刘邦都想干一番大事业，而如今一个贵为天子，一个却要做他的臣子，我忍辱负重只不过是想保全我五百人的性命，刘邦见我，无非是想看我面貌，此地离洛阳30里，若拿着我的人头快马飞驰去见刘邦，面貌还不会变。"言外之意是：我死，刘邦会认为岛上群龙无首，五百人的性命也就保住了。于是慨然横刀自刎。田横自杀后，刘邦看到田横能为五百人自杀，感动落泪说："竟有此事，一介平民，兄弟三人前仆后继为齐王，这能说不是贤德仁义之人吗？"遂以王礼葬田横于河南偃师，并封田横的二随从为都尉。二随从不被官位所动，埋葬田横后，随即在其墓旁挖坑自尽。留岛的五百兵士听说田横自杀后，深感"士为知己者死"，遂集体挥刀自刎。

田横是为了保全他人，而五百义士是为了报答知遇之恩，才都做出了相同的选择。但是他们的壮举从根本上来说不也是出于自己心的召唤吗？如果为了生命舍弃义，在日后的生活中难以获得心灵上的平静，这样的"生"价值何在？

因此，选择义并不是对生的否认和贬低，恰恰相反，这样的人更珍视生命，对生命的要求更高，他们不容许自己蝇营狗苟、得过且过。对他们来说，一生的碌碌无为不如刹那间的芳华绚烂。舍生取义，就是为了保全完整的生命，为了给生命画上一个亮丽的句号，如此方不辜负自己的心。

思孟学派

子思是孔子嫡孙，春秋战国时期著名的思想家。子思受教于孔子的高足曾参，孔子的思想学说由曾参传子思，子思的门人再传孟子。后人把子思、孟子并称为思孟学派。

击筑而歌

荆轲刺秦的故事中，高渐离送别好友荆轲时，击筑（古代一种弦乐器）高歌「风萧萧兮易水寒，壮士一去兮不复返」。刺杀失败后，秦始皇赦免了他的死罪，把他眼睛熏瞎，并让他击筑。高渐离便把铅放进筑中，举筑撞击秦始皇，没有击中，被杀。

驳许行：劳心劳力均是各司其职

中国人是好讲情理的民族……（许行、陈相一派的人物）偏从情理来行事，而不顾及社会经济分工的物理必要性。

儒家向来是讲礼的。"礼别异，乐合同"，礼是用来区别等级的，也就是要求人们安分守己、不可逾矩。孟子曰："劳心者治人，劳力者治于人。"但孟子也因这句话在后世一直为人所诟病，认为这是看不起劳动人民的贵族论调，是主张推行愚民政策，等等。与之相对的，就是要求无论地位高低都要共同耕作而食的农家。

许行是和孟子同一时代较有影响的农家代表，他的门徒都穿着粗麻衣服，靠打草鞋、织席子谋生。陈相原来是楚国儒士陈良的弟子，后来听了农家许行的主张，改而学习他的学说。

陈相在拜访孟子的时候说："滕君的确是个贤明的君主，不过，他还没有掌握真正的治国之道。贤人治国应该和老百姓一道耕种而食，一道亲自做饭。现在滕国却有储藏粮食的仓库、存放财物的仓库，这是损害老百姓来奉养自己，怎么能够叫作贤明呢？"

……

孟子问他说："许先生用锅和甑子做饭，用铁器耕种，这是他自己做的吗？"

陈相回答说："不是，是用粮食换的。"

……

孟子于是说："……许先生为什么不自己烧窑冶铁做成锅、甑和各种农具，什么东西都放在家里随时取用呢？为什么要一件一件地去和各种工匠交换呢？为什么许先生这样不怕麻烦呢？"

陈相回答说："各种工匠的事情当然不是可以一边耕种一边

同时干得了的。"

孟子说："那么治理国家就偏偏可以一边耕种一边治理了吗？官吏有官吏的事，百姓有百姓的事。况且，每个人所需要的生活资料都要靠各种工匠的产品才能齐备，如果都一定要自己亲手做成才能使用，那就是率领天下的人疲于奔命。所以说：有的人（从事）脑力劳动，有的人（从事）体力劳动；脑力劳动者统治人，体力劳动者被人统治；被统治者养活别人，统治者靠别人养活：这是通行天下的原则。"

……

陈相说："如果听从许先生的学说，市场价格就会统一，人人没有欺诈之心，就是打发一个小孩子去市场，也不会被欺骗。布匹丝绸的长短一样，价格也就一样；麻线丝绵的轻重一样，价格也就一样；五谷的多少一样，价格也就一样；鞋子的大小一样，价格也就一样。"

孟子说："各种东西的质量和价格不一样，这是很自然的，有的相差一倍五倍，有的相差十倍百倍，有的甚至相差千倍万倍。你想让它们完全一样，只是搞乱天下罢了。一双粗糙的鞋子与一双精致的鞋子价格完全一样，人们难道会同意吗？听从许先生的学说，是率领大家走向虚伪，怎么能够治理好国家呢？"

农家的主张为何如此吸引人？梁漱溟先生说，中国人是好讲情理的民族。也就是不患寡而患不均，哪里和别人的不一样就觉得于情理不通。他还特别指出，《孟子》书中的许行、陈相一派人物，主张君与民应共同劳动生产，并耕而食，不应该有仓廪府库，厉民以自养，同样是偏从情理来行事，而不顾及社会经济分工的必要性。他们的主张虽然容易被人们从心理上接受，却与社会的发展相悖。事实上，正如孟子所言，许行的主张在现实生活

中是难以实行的。

孟子所言的"劳心者治人、劳力者治于人"在这里更强调的是每个人应该各司其职，做好自己的本职工作。术业有专攻，分工合作，社会才能正常运转。许行想要回到自耕自足的自然经济时代，富于理想色彩，只能作为一种理论而存在，而孟子的观点无疑更具有前瞻性和现实意义。

弦外听儒音

知人论世

这是孟子提出的文学批评的原则和方法，要想深刻了解文学作品，就应当对作家本人的生活、思想及其时代背景有所了解。

望之不似人君

孟子第一次见梁襄王，就评价说：『望之不似人君，就之而不见所畏焉。』意思是说：远远地看他没有君主的样子，近处观察，发现他没有一点谦虚之德。

顾左右而言他

孟子对齐宣王说：『如果大王您有一个臣子把妻子儿女托付给他的朋友照顾，自己出游楚国去了。等他回来的时候，他的妻子儿女却在挨饿受冻。对待这样的朋友，应该怎么办呢？』

齐宣王说：『和他绝交！』

孟子说：『如果您的司法官不能管理他的下属，那应该怎么办呢？』

齐宣王说：『撤他的职！』

孟子又说：『如果一个国家治理得很糟糕，那又该怎么办呢？』

齐宣王左右张望，把话题扯到一边去了。

跟着梁漱溟学儒

人之向善同水之就下

性即是指现在人性的倾向。这个倾向即是善。

人性是善还是恶？孔子并没有为之下定论。但自他之后，儒家的两大家荀子和孟子一水中分，从性的善恶出发延伸出了两派政治主张。荀子尚性恶，故主张用礼乐刑罚来约束，这也就难怪他的弟子韩非子等崇尚霸道，别开法家了。而孟子一直推崇的是性善论，认为礼乐是人性的外化，因此他期待君主能够推行王道，以仁政来获取民心。

但孟子的性善论常常被人误解，以为性善就是好，每个人生来都是好的，不需要教导，实则不然。梁漱溟先生指出，孟子所说的性善被人误解的最大之处就是"把所谓性看成一个已成的呆板东西"。他认为性应当是活动着的："性即是指现在人性的倾向。这个倾向即是善，不但圣人是性善，即暴虐如桀纣亦是性善，是彻始彻终的，没有人不是性善，因人人的倾向是如此。"性是一种倾向，性善就是人愿意向着好的方向去努力，这才是孟子所言的性善论。

《孟子·告子上》里有一段话就很好地阐释了他的这一论点。

告子说："人性好比湍急的水，在东边开个口就往东流，在西边开个口就往西流。人性本来就不分善与不善，就像水流本来不分向东向西一样。"孟子说："水流确实是本来不分向东向西的，难道也不分向上向下吗？人性的善，就好比水朝下流一

孟子不是喜欢说"良知良能"，那个就是现在所说的本能。　——梁漱溟

样。人性没有不善的，水没有不向下流的。水，拍打一下叫它飞溅起来，也能使它高过人的额头；阻挡住它叫它倒流，可以使它流到山上。这难道是水的本性吗？是形势导致这样的。人之所以可以使他变得不善，他本性的改变也正像这样。"

在告子看来，人的本性并无善恶，全然由外界去引导，欲东则东，欲西则西，而且是固定不变的。孟子则认为人性是活的，是在过去、现在、未来之间流动着的一个趋势，即人总是向着善靠拢的。人性既然是向善的，为何世间依然有作恶多端之人呢？桀纣之徒也能算是善的吗？如果善是本性，那么恶呢？

如上所言，善是一种引导人们向着好的方向努力的倾向，它本身并不是人们言行的全部内容。要把这种倾向落到实处，使自己成为善人，还必须要求人们去不懈地努力，梁先生称这种努力为生命的奋强，是一种蓬勃的茁壮的生命力。他说，生活是以活动为性，不以静为性，因此恶虽然是一种倾向，却不是生活的本性："正有生命时，没有不努力者。故不努力不能归之于生命，即恶不应归之于本性。"

恶是静止的，当人们不愿顺着善的方向前进时，就会滞留原地，久而久之，画地为牢，堕入了恶的圈子。普通人偶尔会说一些粗鄙的话，这在梁先生看来与桀纣之徒行恶并无本质的区别。只不过后者堕入了一种惯性之中，消极生活，这就是恶。因此梁先生说："世间上实没有人有力气去作恶，只是没有力气去做好事而已。"生命是活动的，因此恶并不与生命本身同轨而行。

孟子曾对梁惠王说："挟泰山以超北海，语人曰'吾不能'，是诚不能也；为长者折枝，语人曰'吾不能'，是不为也，非不能也。"那些行恶的人并不是没有善的本心，而是如孟子所言，非不能也，实不为也。世人往往徘徊于不为与不能之间，因此需要在引导之下不懈地顺着善的倾向走。

孟子的性善论和荀子的性恶论都能衍生出礼乐文化，前者使之成为可能，因为性善的人本身的行为就与礼乐相契合；后者则使之变成必须，如果没有礼乐，人就容易堕入昏昧之中。但是性善论无疑给了我们更多的信心，那就是有些污垢不论如何令人生厌，底下的种子随时都可能绽放出一朵鲜嫩而美丽的花，这样的世界不是更值得让人期待吗？

弦外儒音

王道

孟子认为的政治理想的最高境界，他说，"行仁政而王，莫之能御也"。

霸道

与「王道」相对，指以武力、刑法、权势等统治天下的政策。

春秋无义战

孟子认为春秋时代没有符合义的战争。所谓「征」，是指天子讨伐诸侯，同等的诸侯国是不能相互征讨的。但是当时的诸侯国们为了自己的利益总是打着周天子的名号发动大大小小的兼并战争，孟子故有此语。

顺天机而行，一喜一怒一忧一惧

真正的乐天，是一喜一怒一忧一惧，都是乐乎天机而动，顺自己生命，用着精力去走，然并不是格外用什么力，只是从生命里有力地发出而已。

生命是一件奇妙的事情，从哪里来又回归哪里去，中间的那段长长的路回头看也许会缩成一个小点。尽管如此，对命运的探讨自古以来从未有过间断，不同的学派有着不同的见解。儒家所谓的知天命，并非是指能够洞察宇宙的万般变化、对人世百态能够洞若观火，自己超然物外，这种人是庄子笔下的至人、神人、圣人，而非孔孟所谓的知天命之人。

和孔子一样，孟子也从自己的心出发去看待宇宙万物的变化，因此时常以性命对举，他说："尽其心者，知其性也，知其性，则知天矣。"性即是我，天即是命，知有我然后才去探索我的痕迹，这和孔子所言的"未能事人，焉能事鬼"有着异曲同工之妙。

《孟子》中有这么一段话："莫非命也，顺受其正，是故知命者，不立乎岩墙之下，尽其道而死者，正命也；桎梏死者，非正命也。"这句话的意思是说：没有一样不是天命决定的。顺从天命，接受的是正常的命运；因此懂天命的人不会站立在危墙下面。尽力行道而死的，是正常的命运；犯罪受刑而死的，不是正常的命运。

梁漱溟先生在谈到孟子这段话时说，知命者是最能尽自己力量的人，即孟子所谓尽其道而死者，是正命也。修身养性，三省吾身，琢磨透自己究竟是怎样的人，想要成为怎样的人，然后

天寿不贰，修身以俟之，所以立命也。——孟子

跟着梁漱溟学儒

46

行动，这样自己的每一分付出都是为了心中所求，这才是"尽心"，这样走过的路成就的命运才是"正命"。孟子所言的"存其心，养其性，所以事天也"也是这个道理。

梁惠王曾对孟子说，"寡人之于国也，尽心焉耳矣"，而孟子与梁惠王的一番说辞是为了说明其实梁惠王并没有做到"知心尽力"。

屈原投江千百年来众说纷纭。有人赞其高义，有人认为这是弃君的不忠行为，更有人觉得他应该转身而去或另择明主。但是对于屈原自己来说，这却是他唯一的选择。作为三闾大夫，他有高远的政治眼光和谋略，

寡人之于国也，尽心焉耳矣。——梁惠王

知道暴秦不可为友，于是结交中原各国，在楚国国内推行美政。他本身也洁身自好、德高望重，堪为表率。他一直希望能够完成"明君美政"的梦想，要实现梦想却只能把希望寄托于楚王身上。因小人进谗，他被一贬再贬，终于在楚国都城被攻破之际毅然跃入汨罗江，将自己送回了生养他的土地，并不再分离。

司马迁评价说："其文约，其辞微，其志洁，其行廉。其称文小而其指极大，举类迩而见义远。其志洁，故其称物芳；其行廉，故死而不容。"他的死，是用生命为代价向自己的理想做出的最后一跃，可谓死得其所。

相比之下，司马迁选择了忍辱负重。他因在汉武帝盛怒之际为李陵说情，家中又无金赎罪，身受宫刑。自古道，刑不上大夫，更何况这种刑罚对身心伤害尤其巨大。司马迁说："是以肠一日而九回，居则忽忽若有所亡，出则不知其所往。每念斯耻，汗未尝不发背沾衣也。"但他并没有选择和屈原一样的路，他思考了许许多多的问题，对命运提出了质疑：伯夷高义，却饿死首阳；李广武功赫赫，不仅未得封侯，还落了一个自刎而死的下

47

场。经过一番熟思，他终于将《史记》作为支撑其余生的事业，"藏之名山，传之后人"。《史记》获得了堪与屈原诗作相媲美的地位：史家之绝唱，无韵之《离骚》！

屈原和司马迁一个殉道，一个忍辱负重，所选择的道路并不相同。他们的生活并不顺利，都是命途多舛，但是按照孟子的天命观，他们都是知天命者，能够明白心中的所求，所以义无反顾。他们不是随波逐流，任由波涛席卷而去，而是在每一次选择面前都认真严肃地拷问着自己的心：你要往哪里去？

存心、养性、事天，这三者本就一体，屈原和司马迁都做到了。如梁先生所说，真正的乐天，是一喜一怒一忧一惧，都是乐乎天机而动，顺自己生命，用着精力去走，然并不是格外用什么力，只是从生命里有力地发出而已。屈原和司马迁正是这样。"一花一世界"，"宇宙便是吾心，吾心便是宇宙"，陆九渊所开创的心学想必从孟子借鉴了不少。

弦外听儒音

跟着梁漱溟学儒

弦外听儒音

"尽信书，不如无书。"这句话最早来自《孟子》，孟子说："完全相信《尚书》，不如没有《尚书》。我对于《尚书》中的《武成》篇，就只取其中二三处罢了。仁人无敌于天下，凭武王那样最仁的人去讨伐商纣那样最不仁的人，怎么会血流得把春米的木棒都漂起来呢？"（和《诗》特指《诗经》，河特指黄河一样，《书》也特指《尚书》。）

四书五经

四书和五经的合称，是中国儒家经典书籍。四书指的是《论语》《孟子》《大学》和《中庸》；而五经指的是《诗经》《尚书》《礼记》《周易》和《春秋》，简称为「诗、书、礼、易、春秋」。之前，还有一本《乐经》，合称「诗、书、礼、乐、易、春秋」，这六本书也被称作「六经」，其中的《乐经》因秦朝焚书坑儒而亡佚，就只剩下了五经。

第三章 儒学之流贯千年

董仲舒：罢黜百家，独尊儒术

> 董仲舒的天人关系论是哲学思想的精华。——梁漱溟

王者爱及四夷，霸者爱及诸侯，安者爱及封内，危者爱及旁侧，亡者爱及独身。

著名的经济史学家赵靖先生曾说，按由近及远的顺序说，人类历史上我最佩服的三个真有其人的死人是：梁漱溟、董仲舒和释迦牟尼。还说，在中国国学的思想天空，站在云端上的是四个人：孔子是儒家创始人，董仲舒是儒学大师，朱熹是理学大师，王阳明是心学大师。

他认为，董仲舒是其中真正承先启后、继往开来的人。最早将儒家思想系统化的正是董仲舒。董仲舒提出的"罢黜百家，独尊儒术"的主张，使得儒学上升为官学，正式确立了它在中国政治文化生活中的统治地位。赵先生甚至说，如果没有董仲舒，孔子在中国思想史上可能是一被埋没的小人物。

董仲舒的"天人感应"学说和"大一统"思想成为后世王朝统治的理论基础。他在人性的问题上主张德育和教化，而梁漱溟重礼乐、非刑罚的态度与之是一致的。梁漱溟看到人性本善，所以主张以礼乐对人进行熏陶；而董仲舒用礼乐来引导善，同时也指出要用刑罚来对待恶。这一分歧源于对人性的认识不同。

董仲舒在人性的问题上，对先秦儒家的人性论进行了扬弃，既不同于孟子，也有别于荀子，提出了"性三品"说，即"圣人之性""中民之性"和"斗筲之性"。

三性之中最上等的是圣人之性，"圣人过善"，其性"不可以名性"，圣人凭借生来而具的过善之性，无须教化，善是一种已经实现了的现实人格。最下等的是"斗筲之性"。董仲舒视之为"又不可以名性"而低于"万民之性"的下品之性，是纯恶之性。"斗筲之民"作为恶的化身，不具有任何成圣的可能。可见在这两类人身上，前者已成善，无须教化，后者教化亦无用，只能用刑罚来待之。所以教化的对象是"中民之性"。"不以上，不以下，以其中名之。"其实就是说这类人身上有成圣或成恶的可能性。针对这些人，他提出了德育的主张，其德育包括"以义正我"、"以仁安人"、施"教化"、守"等级"、行"仁政"五个方面，其核心不离"仁"。

董仲舒提出的仁的法则是在爱人，不在爱我。

西周初年，营汤（一说"营荡"）任齐国司寇。司寇在商代和西周初年是王朝和封国的高官，其职责是驱捕盗贼和据法诛戮大臣等。那年，姜太公受封齐国，就问营汤治理齐国的主要原则是什么，营汤说是仁义。姜太公又问："如何实行仁义？"营汤回答："仁者爱人，义者尊老。"姜太公又问："如何爱人尊老？"营汤说："爱人就是要爱自己的孩子，不要他出力，让他吃好的；尊老，就是要尊重自己家的老人，妻子岁数大了，丈夫要向她跪拜。"姜太公一听气坏了，说："我要用仁义治理国家，你却用仁义来搅乱齐国。"结果姜太公把营汤杀了。

董仲舒是赞成姜太公的做法的，因为要推行仁政，实现大一统，必定要把善心施及天下百姓，只爱自己亲人的人怎么可以为政？

他说："昔者晋灵公杀膳宰以淑饮食，弹大夫以娱其意，非不厚自爱也，然而不得为淑人者，不爱人也。"

《左传》里有一篇文章写"晋灵公不君"，晋灵公不遵守做国君的规则，大量征收赋税来满足自己奢侈的生活。他从高台上用弹弓射行人，观看他们躲避弹丸的样子。厨师没有把熊掌炖烂，他就把厨师杀了，放在筐里，让宫女们用车载经过朝廷。此外，还派人刺杀屡次进谏的忠臣赵盾。

董仲舒就直言说他"不爱人也"。这样的人哪有作为君主当有的仁义之心？这样的君主是自取灭亡。

他在《春秋繁露》里写道："王者爱及四夷，霸者爱及诸侯，安者爱及封内，危者爱及旁侧，亡者爱及独身。"能够做到爱其他的诸侯，就能在诸侯中树立权威，成为霸主；能够把爱推广到四海之外，施及天下，那他就是王者；如果只爱自己封地里的人民，虽可保全，却难有大作为；如果只爱自己，那就是自取灭亡。可见，董仲舒的社会理想不独为君、不独为民，而是为天下的，也就是他所崇仰的大一统。

董仲舒这一思想对国家的大一统和社会的安定和谐产生了良好的影响，推而广之，中国的睦邻友好、和平共处等外交政策也可以从这里找到哲学依据。赵靖先生在他所著的《中国经济思想通史》中说："董仲舒的思想标志着儒学发展的一个新的阶段，在这一阶段中，儒学作为维护一统封建帝国统治的主要意识形态开始登上了历史舞台。"

弦外听儒音

《春秋繁露》

董仲舒的神学唯心哲学著作，体现了天下一统、宣扬「天人合一」和「天人感应」，为封建王朝的中央集权提供了理论依据。

天人三策

又称为《贤良对策》，汉朝经历了「文帝好刑名」「景帝不任儒」「窦太后好黄老」之后，终于迎来了有雄心建大汉的汉武帝，他令郡国举孝廉、策贤良，以此选拔人才，在这种背景下，董仲舒连上三策作答，这就是天人三策，其中心思想就是「罢黜百家，独尊儒术」。

朱熹：天理亦在人欲内

人欲中自有天理。——朱熹

人欲便也是天理里面做出来。虽是人欲，人欲中自有天理。 ——朱熹

朱熹被认为是中国历史上公认的理学集大成者，他的学说在南宋当时虽然被认为是"伪学"，并且一再受到打压，但在元明清三朝被立为正宗儒学。康熙看了朱熹注释的《性理精义》后，在序中说，他读了这本书，"玩味愈深，体之身心，验之政事，而确然，知其不可易"，敬佩之情溢于言表。

朱熹的格物致知以"理一分殊"为基础。"总天地万物之理"的"太极"高于万物，"分殊"就是天地万物各自本于"理"且互不相同的理，也就是说花鸟鱼虫皆有"理"且各不相同。人想要通达最高的理，就应当先从万物身上去"格"，格就是推究理。今日格一物，明日格一物，联系起来反复思考，不知不觉就达到了一定境界，在某一天豁然开朗，所以才有后来王守仁"格竹子"的故事。

人作为万物之一，也有自己的理，于是就有了一直为后世所诟病的话——"存天理，去人欲"。从字面上看，天理和人性是对立的，要求人绝情寡欲，也因此被后世所诟病。其实这是一种误解，如果结合梁漱溟先生的见解，就会发现梁先生与朱子的见解一致。

梁漱溟先生说："合适者，他们的生活法恰合于生命之理之谓也……恰即是恰合生命轨则之谓。轨则是什么，就是调和，就是中。所谓调和与中在何处求，要在恰字上求，增减一点，偏邪一点，皆不对。要在恰好，要在恰中，因此生命才是顺，否

则就是逆，就
是戕害生命之
理。"所谓文
质彬彬，然后

天理，天道，不仅超越于外，警人怵惕，同时亦就在人心。——梁漱溟

君子。文过质或质过文，都不是圣人之道。

朱熹所说的"天理"指的是人正常的要求；而"人欲"则
指的是"私欲"，是指那些超出了正当要求以致违反了社会规范
的欲望。所以，朱熹说："人欲便也是天理里面做出来。虽是人
欲，人欲中自有天理。"他并不是一概反对人的欲望："如'口
之于味，目之于色，耳之于声，鼻之于臭，四肢之于安佚'，圣
人与常人皆如此，是同行也。"可见他和孔子一样，是承认"食
色，性也"的，他知道人的合理欲求。但圣人之所以圣人在于：
"圣人之情不溺于此，所以与常人异耳。"也就是说圣人能够
做到文质彬彬，达中庸之道，这就是"天理"，而常人沉溺于
"欲"中，就堕入了恶。

为了让人能够不为欲念所吞噬，所以才要"明天理""存
天理"。"格物致知"正是朱熹提出的方法。康熙曾如此评

是事，是者便是天理，非者便是人欲。——朱熹

论："朱夫子集大成，而绪千百年
绝传之学，开愚蒙而立亿万世一定
之规……虽圣人复起，必不能逾也。"康熙本人
爱好数学，格物致知带有科学研究的学术精神，
因此他交口称赞不足为怪，但是推崇如此之高，
必然还有其他的原因，那就是朱熹的学问中藏有
助于社会统治的道理。

朱熹说"天理"存在于外，而不在人内，客观上把天理和人欲
对立了起来，所谓"天理存则人欲亡，人欲胜则天理灭"。他所指

出的道路是让人们从外去寻求"理"来约束自己的"欲"，正是这一点为统治者找到了驭民之术。

在社会还没有制定出合法的程序来确立"天理"的内容时，统治者就可以任意赋予各种规定，可以打着"天理"的幌子来给人民戴上各种镣铐，所以清代学者戴震说："人死于法，犹有怜之者；死于理，其谁怜之。"他的批判相当之尖锐。"以理杀人"与西方的宗教审判都是从精神上来否定一个人，何其相似？

朱熹为后人所诟病的另一个原因与八股文有关。八股文的形式僵化，要求士人阐述圣人之道，很难发表自己的见解，造成了士大夫阶层思想的僵化。考试题目主要摘自四书五经。四书五经内容有限，所以士人要应举，主要就是根据朱熹所注的《四书章句集注》。

程朱理学

亦称程朱道学，是宋明理学的主要派别之一，其由北宋二程（程颢、程颐）兄弟开始创立，朱熹继承和发展了二程思想，建立了一个完整的客观唯心主义的思想体系。其思想在伦理道德上体现为『三纲五常』。

八股文

又称为时文、制义，每篇文章均按一定的格式、字数由破题、承题、起讲、入手、起股、中股、后股、束股八部分组成。破题是用两句话将题目的意义破开。承题是承接破题的意义而说明。起讲为议论的开始，首二字用「意谓」「若曰」「以为」「且夫」「尝思」等开端。入手为起讲后入手之处。起股、中股、后股、束股才是正式议论，以中股为全篇重心。在这四股中，每股又都有两股排比对偶的文字，合共八股，故名八股文。

戴震

清代考据学家、思想家，赞同格物致知，反对以理杀人。他的学生有很多是著名的语言学家，如段玉裁、孔广森、王念孙等。

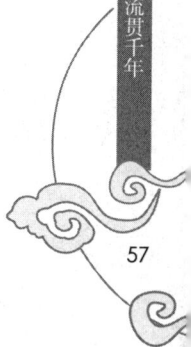

心外无物说守仁

吾心便是宇宙，宇宙便是吾心。

——陆九渊

在中国古代历史之中，文人用兵当以二人为最，一是明代的王阳明，一是清代的曾国藩。后人往往记得王阳明在哲学上的地位，而忽略了他在军事上的作为。那是因为其他方面的成就正是源于他的哲学思想，而且他的哲学思想对后世的影响远大于其他。作为心学大师，他不仅做到了"知"，还真正地知行合一，所以才能将才学真正地运用于世。

王守仁最先学习的是朱熹的"格物致知"，朱熹认为万物皆有理在其中，能够从中悟出天理。王守仁便在家中守着竹子看，希望能够从中"格"出道理来。几天下来不仅一无所获，而且病倒了，但他也因此而觉悟了，认为理并不是如朱熹所言的要从外物上去寻求，说自己"缪矣三十年，于今吾始悔"。

从朱熹转向陆九渊，王守仁构建起了自己的理论体系："心即理"—"知行合一"—"致良知"的基本理论框架。这一学说从"心"出发去看待宇宙人生，故而名为"心学"。立足于心这一点，梁漱溟先生的"真正可称之仁不仁者，根本是在他的心里"与之是同一个理。1980年8月16日，梁漱溟接受美国学者艾恺访问时，艾恺问："你算是属于王阳明学派的？"梁先生答："对。不是分程朱派、陆王派吗？我算是陆王派。"

一次，王守仁和朋友出游，见山上花开正好，便一同驻足欣赏。

朋友忽然问道："岩中的树花自开自落，与人心无关，怎么能说'无心外之物'呢？"

王守仁答道："你未看此花时，此花与你同归于寂；你来看此花时，则此花颜色一时明白起来，便知此花不在你的心外。"

没有看到花的时候，人的心中并没有花的存在。只有看到了，并将花留在心中，花的具体形貌才鲜明起来，才是一个实在的形象。因此心外无物，存在即感知，人的一言一行都在心的主宰之下。因此王守仁说，"心外无物，心外无事，心外无理，心外无义，心外无善"。陆九渊所谓"吾心便是宇宙，宇宙便是吾心"，心中之物可不受时空的限制，因此洞察自己的心不仅能够推知外物之理，还能够明白古往今来。王守仁生前留下了四句话："无善无恶心之体，有善有恶意之动，知善知恶是良知，为善去恶是格物。"这种心学思想的产生和当时禅宗的流行也不无关系。

有一次慧能大师在广州法性寺，寺内有两个僧人见风吹幡动，一个僧人说是风动，另一个僧人说是幡动，两人争论不休，这时，慧能大师上前说道："不是风动，不是幡动，仁者心动。"

王守仁和慧能大师所立身的是不同的道，都把外物之变归于人心，可见人心之重要。心之本体是良知。而良知本身并无善恶，如镜子一般原本是光洁明亮的。圣人之所以是圣人，是因为他天理纯然不沾尘；普通人的心却易被万物干扰，所以才要常常为善去恶、恢复本心，这就是王守仁所说的"致良知"。虽然王守仁和朱熹对"理"的理解不同，但是在"存天理，灭人欲"的理解上还是一脉相承的。王守仁说："减得一分人欲，便是复得一分天理。"

古人已逝，他们的思想学说只通过书得以保存流传，因此要到达他们的境界，读书是一条重要的通道。王守仁和朱熹都极为强调学习儒家经典的重要性，不过侧重有所不同。朱熹认为理在外，圣人得之，传之以书，因此后人应从经书中去钻研圣贤之道，即穷理。王守仁则认为："《六经》者，吾心之记籍也。"经书的精神实质原本就是与自己的本心相通的，所以读经重在启发，让自己去认识自己的心，因此王守仁主张读书贵精而不在多。他指出："凡授书不在徒多，但贵精熟。讽诵之际，务令专心一意，口诵心唯，字字句句，绅绎反复。久则义理浃洽，聪明

自开矣。"同时人心各不同，在看待经典的时候还应该有自己的独立见解，不能人云亦云，他指出："大学贵得之心。求之于心而非也，虽其言之出于孔，不敢以为是也。"这在程朱学派看来，无疑是大逆不道。

朱熹的学说开始传播时，被朝廷当作异端学说加以打击；而当这一学派的正统地位得以确立时，当年的被压迫者反过来变成了审判者，不遗余力地打击着王学的流传。其实真正的审判权掌握在朝廷的手中。程朱的学说与用制度来约束人是一致的——理在外，制度就成为理，人要做的是接受并遵从，这对统治者来说是最大的思想安全保险柜；而王学是心学，当发现制度与心不符合时，就会起而反抗。明朝中后期，反理学、反礼教、要求人性解放的思潮汹涌澎湃。汤显祖的《牡丹亭》、冯梦龙的"三言"、凌濛初的"二拍"就是这一思潮在文学上的反映。一直到近代，梁漱溟先生也从中汲取了许多的精华。

跟着梁漱溟学儒

陆王学派

「陆」指陆九渊，号象山，南宋著名哲学家、教育家，也是心学的创始人；「王」指王守仁，他是心学的集大成者。

文人带兵

王守仁一生带过三次兵。第一次平定了闽赣粤交界处动荡山区；第二次平定了宁王朱宸濠的叛乱；第三次总督两广军务，改剿为抚，不动一刀一箭就平息了暴乱，妥善解决了少数民族问题，安定了边陲。三次带兵背景不同，战略战术各异，每次都是用兵如神，连战连捷。《明史》有评："终明之世，文臣用兵制胜，未有如守仁者也。"

60

中篇

儒家万千滋味，且待一一品尝

不同的大师对儒学仁者见仁智者见智，各有侧重。在前人的理解之中，梁漱溟先生结合对人生的体会得出了自己的感悟：每个人都是可以成为圣人的，我们所要做的就是努力，再努力，好好地把握现在的生活。

为孟子正名：禽兽无"仁"可言

只人有道德可言，禽兽实无道德可言。

与孔子的温良谦恭不同，孟子给人的印象是好辩，极有纵横家的气势。在战国时代要让自己的主张在百家之中脱颖而出，得到君主的青睐，必须"厚此薄彼"，否则"不破不立"。好辩只是其一，后世还说孟子动辄说人是禽兽，太过严重。最有力的例证是孟子曾经说过这么一句话："杨朱利己，是无君也；墨子兼爱，是无父也；无君无父，是禽兽也。"

杨朱崇尚道家之学，主张贵生、重己；墨子是墨家的代表，主张兼爱非攻。把学说主张不同的人指控为禽兽确实不妥，那么被尊为亚圣的孟子，其修养当真如此之差吗？其实，这应该归咎于文言文和白话文语意的变化。现在看来，禽兽是凶狠、残暴、不知礼义廉耻的代名词。但是那时所说的禽兽指的是禽兽之道或者禽兽世界的意思，即和人相对的动物界，只是一个有别于人类的另一个世界。

人与禽兽何异？梁漱溟先生说："只人有道德可言，禽兽实无道德可言。"梁先生说的是"无道德可言"，也就是说动物界没有礼义廉耻的概念，而不是道德低下卑微的意思，所以你没有办法用对人的立场说动物不知羞耻。人如果不忍心杀生，就会选择素食，也可以认为他人吃肉是一件残忍的事情，但是不能以这项罪名去指控老虎，因为这是它的本能在支配，无所谓道德不道德。

可见，这里的禽兽和我们现在骂人所说的禽兽不同。故梁漱溟先生说："夫人之能超脱求生活之本能，盖以能感觉，则是仁者，只人有，而禽兽则无，以其受规定不自由而麻木也。"人比动物多了的不忍之情，能够敏锐地捕捉到天地之间细微的变化，叶落风起都可能引人伤怀，这就是仁。简单地说，就是超越了衣食住行之外的礼义廉耻。

如梁先生所言，动物的生命是要靠本能去维持的，老虎见了其他的动物，会产生一种捕获它的欲望（梁老称之为情），这种欲望是出自老虎的本能，是一个对付生活、应付环境的工具，因此是"有所为而为"；而人见到动物流血，便会生发出一种不忍之情，这和人能否生存在世界上无关，并非出自本能，而是一种在动物本能上的升华和解脱，梁老称之为"无所为而为"。

因此，如果把那段备受争议的文言文翻译为现代文，译文应

当是：如果一个社会中人人自私自利（为我无君），人没有亲疏远近的感情（兼爱无父），那么这种社会犹如禽兽世界。这种理解更接近孟子的本意。

其实孟子在很多地方也提到了禽兽：

人之有道也，饱食、暖衣，逸居而无教，则近于禽兽。

庖有肥肉，厩有肥马，民有饥色，野有饿莩，此率兽而食人也。

人之所以异于禽兽者几希，庶民去之，君子存之。

从这里就可以看出此禽兽非彼禽兽，孟子是在批评近似禽兽之人，而谈不上言语过重。

《孟子》里有一个故事，说齐宣王看到有人牵着牛去祭祀，牛吓得簌簌发抖很是可怜，便起了怜悯之心，让人找一头羊来代替这头牛。

如果同是祭祀，都要杀生，牛羊何异？齐宣王这样的做法不是掩耳盗铃吗？孟子替他做了解释并且称赞他有仁者之心："君子之于禽兽也，见其生，不忍见其死；闻其声，不忍食其肉。是以君子远庖厨也。"齐宣王这样做是因为见牛而未见羊。如果看到羊也吓得发抖，也会做出一样的选择，这才是人之常情。

孔子常说，天地之性人为贵；孟子虽动辄以禽兽论，其中却更显对"人"的身份的爱护，他只是常用禽兽作为反面，来说明人的社会如果富而不教、饱暖无教，没有仁义礼智忠信，那么就和禽兽世界无异了。在西方，大文豪莎士比亚也曾借哈姆雷特之口称赞人类道："人是一件多么了不起的杰作！多么高贵的理性！多么伟大的力量！多么优美的仪表！多么文雅的举

天地之性人为贵。——孔子

动……在行为上多么像一个天使！在智慧上多么像一个天神！宇宙的精华！万物的灵长！"如果人要真的对得起这个称号以别于禽兽，必须"仁"心常驻才行。

第四章　人之为人在于"仁"

65

弦外听儒音

稷下学宫

"稷"是齐都临淄一处城门名，"稷下"即齐都临淄城稷门附近，齐国君主在此设立学宫，是战国时期齐国的文化圣地。它实行"不任职而论国事""不治而议论""无官守，无言责"的方针，各家学派在此争鸣，齐威王、齐宣王时期更是盛极一时。

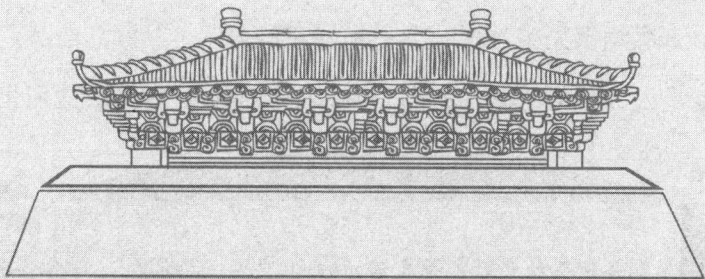

是非善恶心中秤

仁是好恶的表示，从好恶给我们的方向就是人的生活原来的方向。所以一切德行，都是直觉所指示之方向，即是出于仁。

孟子说："恻隐之心，人皆有之；羞恶之心，人皆有之；恭敬之心，人皆有之；是非之心，人皆有之。"

"人皆有之"与梁漱溟先生所说的"凡人没有不仁，即使加入后天也没有法子使他（它）绝灭"正是一

> 故凡同类者，举相似也，何独至于人而疑之？圣人与我同类者。——孟子

个意思，只是孟子把仁的概念具体化为了恻隐、羞恶、恭敬、是非等。但是人皆有之并不表示每个人都能将它体现出来，作为生活、生命的一部分，否则社会上怎么还会有这么多丑陋的事情呢？

孔子说："唯仁者，能好人，能恶人。"

只有心中有"仁"的人，才能喜爱应当被喜爱的人，厌恶应当被厌恶的人，是非善恶截然分明，这不就是道德的内涵吗？人心就像指南针，对什么是好的、什么是坏的有天然的敏感。只是在人的心中和仁共存的还有其他许多杂音，令指南针的方向摇摆不定，而唯有心纯如仁人才能对是非做出明确的判断。这种判断并非是出于理智的思考，梁漱溟先生称之为"直觉"，并把其作为道德产生的根源。

梁漱溟先生也说："仁是好恶的表示，从好恶给我们的方向就是人的生活原来的方向。所以一切德行，都是直觉所指示之方

> 仁是好恶的表示，是生活的方向。——梁漱溟

向，即是出于仁。"

人的道德约束感在平日里可能无法察觉，就如一溪清水流淌，但是一旦落入一颗石子，立刻晕开层层涟漪；而且灵敏的人能对落入池中的东西是花是叶迅速做出判断——它令这片水更美更净还是会玷污了它？而内心混浊的人，不管落入了什么东西都会无动于衷，因为他的心里是一团混浊。

那么仁和直觉有何联系？梁漱溟先生解释说："直觉便是活气之发于外面者；因知痛痒是可见的，故指此说……生命是体的根本，仁是真正生命，是活气，而直觉不过是仁的发用处。"仁是一种更为本质、更为深刻的东西，直觉是它起作用的形式而已，人凭直觉行事，直觉却源自仁。之前说过，仁是一种很柔嫩很敏感的心，因此直觉敏锐不敏锐，是要看他仁不仁。水越清越静，就越容易感受到外面的一丝风雨变息。粗糙的心当然没办法给予直觉正确的指引，所以才显得仁心对于美德之重要。

世界上的事情无论是好是坏，都是一个积土成山的过程。仁者能够做到泰山崩于前而不色变，就在于他比常人更为敏锐更有前瞻性地洞察了这个信息。所谓一叶落而知秋，萧条的季节尚未到来，然跂而望之，山雨欲来风满楼，心中已经捕捉到了凉意，转而悲秋伤怀。麻木的人看见流血也不为所动，这样混浊的心早已把仁遮掩得严严实实，用孟子的话称其为不知道德是何物的禽兽了；而敏锐的心却能感应到他人的痛楚，心有戚

仁者不忧，知者不惑，勇者不惧。——孔子

戚，这才是道德之源。柔嫩的心看似多愁善感，实则因能比旁人早做准备，心中的悲悯之情会慢慢地积淀成为温厚，温厚的土壤将是美德最好的生养之地。

从这种情感出发，就会懂得"子欲养而亲不待"的悲怆，从而产生孝心；能够感知"岁寒然后知松柏之后凋也"，从而领悟生命的执着；想要探究学海之宽广，故敏而好学，不耻下问……这一切都是源自心灵的柔嫩，也就是仁——梁漱溟先生所说的德行就是指这些广义的修养和品质。

弦外听儒音

跟着梁漱溟学儒

巨伯探友

译自《世说新语·德行》。

荀巨伯从远方来探望朋友，适逢胡人攻城。朋友对荀巨伯说："你赶快离开吧！"巨伯说："我从远方来探望你，而你却让我离开，舍弃义气而寻求生命，难道这是我荀巨伯所做的吗？"胡人杀到后，对荀巨伯说："大军到了，整个城的人都空了，你是什么人，竟敢一个人留下？"荀巨伯说："我的朋友身患重病，不忍心舍弃他，我宁愿用我的身体来代替朋友的性命。"胡人听了，说："我们这些不懂道义的人，却侵入了这有仁义的国家。"于是军队就回去了，整个城都获救了。

68

孙亮明辨

三国时，吴主孙亮让黄门官取蜂蜜，打开后，发现里面有老鼠屎。黄门官说一定是仓库保管员玩忽职守。保管员吓了一跳，但是自己一直尽忠职守，又想到与黄门官一向交恶，肯定是他捣的鬼，就大呼冤枉，说蜂蜜也经过了黄门官的手。大臣们见他们争执不下，就说干脆各打五十大板。孙亮却说自己有办法分辨忠奸。

他察看了一下被掰开的老鼠屎，发现除了外面一层被蜂蜜浸湿，内面还是干燥的，便知道是黄门官所为了。

仁：近在咫尺，还是远若天涯

凡人没有不仁，即使加入后天也没有法子使他（它）绝灭。

孔子最为欣赏的弟子是颜回。孔子问子贡："你和颜回相比，哪个更好？"子贡坦诚地回答说："我怎么敢和他比？颜回呀，他听一个就知道十个，我听一个知道两个就算不错了。"孔子也说："是不如他呀，我和你两个都不如他。"

其实孔子赞叹的不仅是颜回的聪明，更是他能够持之以恒地守住心中

之仁："颜回这个人，他的心可以在长时间内不离开仁德，其余的学生则只能在短时间内做到仁而已。"

在孔子看来，他的弟子之中只有颜回能够按照自己的仁心去生活。孔子弟子三千，贤者七十有二，难道其余的便是不仁的吗？不然，他们心中依然有仁的存在，只是没有颜回那般纯粹。

梁漱溟先生说："凡人没有不仁，即使加入后天也没有法子使他（它）绝灭。"仁可以说是和人与生俱来的，那些后天的东西只是将它掩盖住没有机会让它展现。只要活着，仁必然存于人之心中。那些做坏事的人并不是没有仁，而是把那种倾向压抑在心中不愿碰触而已，宁愿让自己麻木，因为稍有碰触就会内疚——"仁心"实在太柔嫩了，阳光雨露皆能触动，初看来是易悲易喜，慢慢积淀才能成就温厚的仁者——而麻木的人总是自欺欺人，选择回避。至于狼孩之类远离了人类社会的人虽然看似近于禽兽，那只是不曾有人将"仁心"唤醒而已。若将狼孩带回社会，假以时日，也能看到仁的影像在他的身上显现。

但是，仁的存在只是说每个人都有潜力成为一个仁者而已，是一种向日葵随着太阳转动的倾向。如同一粒种子埋于心之厚土，一直想要破土而出，然后经受风霜雨雪的考验，享受阳光雨露的滋养。但也有可能心中的污垢太重，压得它始终无法萌芽，或者虽然长出了小小的枝叶，却很快被外面的诱惑打击摧残得枝离叶散。如果你能发现自己心中所向也许可以帮它一把，而很多人甚至忘记了自己的心中有这样一粒种子。当然无论怎样摧残，它依然有着生长的愿望，只是不知何时实现。我们偶尔会感到"所有的风都向你吹"的迷茫，那颗原本有着自己目的的柔嫩的心不知会被风吹向何方。

顺着本有的善的倾向去生活，每个人都能触摸到阳光，却难以接近那散发着光和热的太阳。梁漱溟先生说："顶合适的生活不远，可以做到的，就像孔子说的，我欲仁，斯仁至矣。"现实地说，可以做到只是一个可能性而已，要真的实现却又难得很，因为顶合适就是要求不偏不倚的中庸之道。梁先生解释说："稍微偏出了一丝一毫都算离了规则，离了中庸，离开了合乎生命之理，此即所谓违仁也。"可见得仁易，臻完美难。

孔子说："君子无终食之间违仁，造次必于是，颠沛必于是。"

违仁是对仁这个标的有所偏离，还谈不上不仁，当然不仁就必定是违仁了。君子既然不可去仁，就必须经常保持仁心，虽在一食之间，亦不能去仁。就算在仓促之间，其心亦必在仁。颠沛必于是，在遭遇危险甚至面临死亡之际，其心亦必在仁。此为君子须臾不可离仁之义。要求这般高，孔子独对颜回如此肯定也就不难理解了，而在评价其他弟子"仁"的时候他便只说"不知"了。

孟武伯问："子路仁乎？"子曰："不知也。"又问。子曰："由也，千乘之国，可使治其赋也，不知其仁也。""求也何如？"子曰："求也，千室之邑，百乘之家，可使为之宰也，不知其仁也。""赤也何如？"子曰："赤也，束带立于朝，可使与宾客言也，不知其仁也。"

这里的"不知"可以有两种理解：孔子不知道他这三个弟子仁不仁，或者他们并不懂得仁。前一种理解也可以当作后者的委婉说法。尽管如此，孔子的态度还是明确的。子路如在千乘之国——在春秋战国时候，是

一个大国——"可使治其赋也",即可以让他当统帅。虽是大将之才,但这是他的才能,看不出仁。他说子路是大将之才,前后方都可由他统领。这是他的才能,与仁无关。冉求和公西赤也各有才具,但皆与仁无关。冉求和公西赤也都可以成为朝廷的栋梁,但是依然看不出他们的仁。

不光对弟子的要求高,孔子也常自省,他说自己:"吾十有五而志于学,三十而立,四十而不惑,五十而知天命,六十而耳顺,七十而从心所欲,不逾矩。"其意思就是到了垂暮古稀之时才能完全听从自己心中"仁"的指示,不必理会心中的杂音。这也算是达到庄子笔下神人的境界了,可以来去无待。

孔子尚且如此,对我们这些平常人而言,要修成正果岂非更是"路漫漫其修远兮","上穷碧落下黄泉"?仁既近在咫尺,又似远在天涯。好在无论走向哪里都可以摸摸胸口,确信它会一路相随,并给自己一些信心:我欲仁斯仁至矣!正如曾子所言:"士不可以不弘毅,任重而道远。仁以为己任,不亦重乎?死而后已,不亦远乎?"

士不可以不弘毅

「弘」指胸怀宽广；「毅」指意志坚强。胸怀宽广，才能接受重任；意志坚强，才能长期坚持奋斗。

曹冲智救官吏

一次，曹操的马鞍在仓库被老鼠咬了，守卫仓库的官吏们想自首，又害怕免不了死罪。曹操之子曹冲知道后，就让他们先等几天，然后弄破了自己的衣服，看起来像是被老鼠咬破的，脸上又露出忧愁的表情。曹操见了问他，他回答道：「世俗的人认为衣服被老鼠咬破，对衣服的主人不吉利，现在我的衣服也被咬了，所以发愁。」曹操说：「这是胡说，不要担心。」不久曹操听说了马鞍被咬破的事，就笑着说，我儿子的衣服就放在身边都被咬了，何况是挂在柱子上的马鞍，于是没有追究这件事。

士不可以不弘毅，任重而道远。——曾子

懂盈缩之道方得永年

仁就是心境很安畅很柔和很温和的样子；不仁就是不安畅很冷硬很干燥的样子。一方面气息是有条理很平稳很随顺，另一方面则杂乱无章。

中国古代很多的哲学家同时也是朴素唯物主义者，除了用阴阳之道来形容世界之变，也喜欢用五行来指代世界的本源，还特别钟情于用水来指代柔，指代生命。老子说："上善若水，水善利万物而不争。"孟子言："人之向善，如水之就下。"两派学说，在此异源合流。这种向善，正是仁之所在。

梁漱溟先生说："仁是真正生命，是活气。" 生命从产生、萌芽、生长、开花、结果，最后归于无，其中无时无刻不是在变化的。流水不腐，户枢不蠹。生命正是一股流动的水，只有流动起来才能显示出生机。生命的维持并不是简单的生存，虽然不能肯定动植物在这一过程是否也有生离死别的思考与较量，但无疑人是有的。当人的心灵动起来时，才能用生命这个词来指代。古人云，哀莫大于心死，当一个人万念俱灰的时候，还有多少的能量能从他身上显现出来呢？一个人若是行尸走肉，其生存的价值又何在？心如止水与心如死水，二者有着本质的区别。止水依然是流动的，只是波澜不惊地迎接新的事物，死水已没有除垢纳新的能力。心中有仁的人就如同有了一股清泉，帮他洗涤走过的每段经历。

参天大树高耸入云，开枝散叶，它的生命系于一根。虽然深埋于地下，却足以供养那舒展于碧空之中的万千枝叶。有了根，无论是阴霾笼罩、雾霭沉沉，或是狂风大作、暴雨如倾，抑或是骄阳高照、焦土欲裂，树都能把它化为一种历练，一种释放自己生命活力的机遇。这种不是墙头草般无原则的妥协，而是一种兵来将挡、水来土掩的俯仰万物的姿态。对于人来说，仁就是那份水，通过心之根为生命注入源源不断的活力。

梁漱溟先生说："仁就是心境很安畅很柔和很温和的样子；不仁就是不安畅很冷硬很干燥的样子。一方面气息是有条理很平稳很随顺，另一面则杂乱无章。"人生历程上遭遇的每件事，都是在把我们的生命往不同的方向拉去，当人们急躁不安、手足无措的时候就是"不安畅"的时候。如果能够以柔化之，像水一样遇阻则避、遇坑则填，哪里还会过不去呢？当然，这里的避并不是逃避，而是采取迂回战术实现自己的目标。人习惯于在生活中总结经验教训，这是一件好事，但是也容易落入麻木守旧的圈子，毕竟没有一条道路是重复的，走过了这段路，就应该把下一次当作新的挑战，做好准备。

在中国历史上能与岳飞的岳家军相媲美的是明朝抗倭名将戚继光所创的戚家军。而戚继光之所以能在军事上屡战屡胜，与他在蓟门当小官的时候对《孙子兵法》的钻研有着密切的联系。他有一种十分奇特的看书方法——一边看一边批。比如孙子曰："敌人气焰嚣张，就不要去打。"（勿击堂堂之阵）戚将军却这样说："越是气焰嚣张，越是要打！"（当以数万之众，堂堂正正，彼来我往，短兵相接）孙子还说："诈败的敌人，你不要追。"（佯北勿从）戚将军却说："保持队形，注意警戒，放心去追。"（收军整队，留人搜索，擂鼓追逐）

倭寇的活动范围多在浙闽沿海一带，惯用重箭、长枪和倭刀作

战。浙闽沿海多山陵沼泽，道路崎岖，大部队兵力不易展开，而倭寇又善于设伏，好短兵相接。戚继光针对这一特点，创造了一种新的战斗队形——鸳鸯阵。这种以十二人为一作战基本单位的阵形，长短兵器互助结合，可随地形和战斗需要而不断变化。当变成两小阵时称"两才阵"，左右盾牌手分别随左右狼筅手、长枪手和短兵手，护卫其进攻；当变成三小阵时称"三才阵"，此时，狼筅手、长枪手和短兵手居中，盾牌手在左右两侧护卫。这种变化了的阵法又称变鸳鸯阵。此阵运用灵活机动，正好抑制住了倭寇优势的发挥。戚继光率领戚家军，经过鸳鸯阵法的演练后，在与倭寇的作战中，每战皆捷。鸳鸯阵可说是来源于《孙子兵法》，而"两才阵"和"三才阵"则是戚继光在前人的基础之上所做的创新。

"仁"如水般是具有弹性的，懂得盈缩之道。老子说："刚易毁，柔易保，故柔以制刚。"曹操说："盈缩之期，不但在天；养怡之福，可得永年。"正因为心是柔软的，如同打太极一般可以以守为攻、化实为虚，在外面的东西落下的时候总会有缓冲的余地，人才能够做到穷则变、变则通。

曹操诗《龟虽寿》

神龟虽寿，犹有竟时。腾蛇乘雾，终为土灰。老骥伏枥，志在千里；烈士暮年，壮心不已。盈缩之期，不但在天；养怡之福，可得永年。幸甚至哉，歌以咏志。

舌头与牙齿

一次，孔子带着弟子找老子请教，老子正在闭目养神。过了很长时间，他才张开嘴，用手指着自己的嘴问：「你看我的牙齿怎么样？」孔子说：「已经掉了。」又问：「那我的舌头呢？」孔子说：「还好。」老子又闭上眼睛静养了。孔子吩咐弟子套车回家，弟子奇怪地问：「你不是来求教吗？怎么还没有问什么，就要回家呢？」

「牙齿是刚强的，却是柔弱的；舌头是柔弱的，却是刚强的。看起来刚强的牙齿，敌不过柔弱的舌头，这不是老子教给我的吗？」

烈士暮年，壮心不已。

——曹操

外儒弱听音强

人之好坏一线牵

仁，人心也，好人具有人心，坏人还是具有人心。所谓坏人者，不过他柔嫩的心发露流行的很少。

前面说过，人生来就是有仁心存在的。梁漱溟先生说："仁，人心也，好人具有人心，坏人还是具有人心。所谓坏人者，不过他柔嫩的心发露流行的很少。"即使穷凶极恶，他的真心有时仍旧发现；所谓好人者，不过他的真心时常发露流行而已。

人们往往习惯于把好坏两字作为区别人的标签，这种将人脸谱化的方式简单省事。但是严格来说，人并无好坏之别，因为人人心中都有仁的存在，都是向善的。只不过平常口中所言的好人心底温厚，如一片温暖湿润的沃土，更容易滋养生机；坏人则因为发露得少，别人也就难以察觉他心中的善念，因此将他冠以"坏人"之名。

梁漱溟先生说，人无不知谦恭，坏人（其实此名词是不对的，有毛病）他并不是不知谦恭，只是很少如此发露而已。这里的谦恭指代的就是人当具备的美德，坏人看来作恶多端，其实很多都知道自己所做的是坏事。

对事物本质的认识只能透过现象来认识，对人的定义也是如此。一叶落而知秋至者有一双慧眼，因为大多数人如果从叶落推出秋至的结论恐怕都会犯错——毕竟新陈代谢无时不在，叶子也不是相互约好在秋季共赴黄土。对人的认识，谁能从只言片语中就看透他的心思并下定论呢？

《世说新语》里有一个耐人寻味的故事：华歆、王朗两人一同乘船避难，有一个人想搭他们的船，华歆马上对这一要求表示为难。王朗却说："好在船还宽，为什么不行呢？"后来强盗追来了，王朗就想甩掉那个搭船人。华歆说："我当初犹豫，就是为的这一点呀。已经答应了他的请求，怎么可以因为情况紧迫就抛弃他呢！"世人凭这件事来判定华歆和王朗的优劣。

如果只看两人初时的态度，很自然地就能得出王朗更为仁慈的结论。看了后文才觉得如此结论有失偏颇。但也不能因他后来的改变质疑他最初的善心。李贽说："童心者，最初一念之本心也。"王朗的最初一念不也是纯粹的救人于难吗？只是没想到会有麻烦而已，他只想

顺水推舟，却不想花费大力气。相比之下，华歆想得更为久远，他也是按照自己的心中所向去行事。最初的犹豫是出于不知此人来历，后来的坚定是出于执着。原先若不答应，最多只算是"违仁"，而后来若将其抛下却是置他人性命而不顾的不仁了。

毕竟每个人都是不同的，若按梁先生所说的仁的多寡来分，哪里是好、坏二字可以说得清楚的呢？恐怕分成三六九等也远远不够。

面对一个陌生人，你会以怎样的表情来对他？微笑、热情、冷漠还是视而不见？情感太细微，远不是语言本身所能够传达的，除了这四者之外还有很多可以在人的脸上演绎。看来并不能用这些来判断一个人的善恶，就好像有的人以为皱眉比笑靥更能维护自己的尊严，所以纵然是心热也习惯于冷眼旁观。

罪己诏

是古代帝王反省罪己的御用文书。

皇帝也会犯错误，当做出的决策引起国家动荡，或者有天崩地裂等异常现象出现的时候，皇帝往往会下这样的诏书，以示勇担过错，并更加勤勉小心。最有名的就是汉武帝的《轮台罪己诏》，多年的穷兵黩武、大兴土木之后，他幡然醒悟，决定痛改前非。

人心本清明，奈何易被浊雾绕

人心本来清明，他本来知道好坏……昏失的时候就是堕入气质、习惯、环境的时候。

为何有些人明明有着热心肠，脸上却还总是会冷若冰霜呢？偶然间人心之有天壤不同仿佛都是难以由人主观控制的，一则是由外界主导的，一则是与生俱来的。自己的言行和心思灵动不同，就背离了仁，就成了假，成了伪装。心口不一的人岂不是很累？原本按照自己的心中所向去走是顺风行船，现在却偏离了方向。但是有些行不义之事的人仿佛也心安理得，这又是怎么回事呢？在梁漱溟先生看来，这样的人并没有丢失仁，而是没有真知道仁。

梁漱溟先生以狎妓为例来说明人何以如此："人心本来清明，他本来知道好坏。当他知道的时候，决不会有狎妓的事。昏失的时候就是堕入气质、习惯、环境的时候。这时心不自主，气质、习惯等便占了他的心，出而做主。"

梁先生称气质为先天的习惯，是内在的，是人在进化中选择保留的东西，譬如欲望和人的国民性等；凡是后天所得的一切东西都是习惯，如学校的教育；而围绕一个人周围的东西称为环境。梁先生对这三者并没有做很鲜明的区分，譬如个人的习性归为习惯，其实和先天的气质不无相关，和个人的环境更是关系密切。把这三者统作为和"仁"相对立的一体即可。也就是说，这三者是对人"仁心"的干扰。

梁先生说，当人心清明时，气质习惯以及环境皆居于服从的地位。

原本在人的行为处事中，是仁占主导地位的，人也懂得是非

仁心

善恶之辨。如果鹊巢鸠占，变成由气质、习惯、环境主导，那就会不以是非为是非了，时间长了无人提醒更容易以黑为白，他人视为不耻的事他也能够做得心安理得。

关于隋炀帝开凿大运河的由来后人有着不同的猜测。有人认为因为当时南方经济发达，修凿运河可以把江南的财物更为便利地送往京师；有人说是为了切断南京这六朝之都的王气。不管是哪一种，毫无疑问当初做出这个决定时，隋炀帝是从国家政局的战略高度出发的，即为了加强对南方的控制。一条大河接北通南，确实对国家大局产生了重大影响，但显然与隋炀帝原来的意图相悖。

唐朝末年皮日休有诗云："尽道隋亡为此河，至今千里赖通波。若无水殿龙舟事，共禹论功不较多。"原先的家国天下后来却变成了水殿龙舟事，这也许才是隋亡缘由之一。

从洛阳到江都两千多里，杨柳成行，树木成荫。在运河两岸设置许多驿站，每两驿建一座离宫，总计有四十多座，专供隋炀帝休息。隋炀帝还下令在扬州建置了江都宫。大业元年（605）八月，正是金色的收获季节，江南水乡的美丽景色吸引着隋炀帝

跟着梁漱溟学儒

他不等运河全部完工，就从洛阳出发，坐龙舟前往江都。他前后几次下江南，无不声势浩大。炀帝的龙舟高45尺，宽50尺，长200尺。整个龙舟分四重，上重有正殿、内殿和东西朝堂，中间二重共计160房，都是以金银装饰，下重由宦官和内侍居住。龙舟由殿脚（即挽船人）1080人用青丝大绦绳牵引前进。殿脚都穿着锦彩衣袍。皇后坐的船叫翔螭（chī）舟，比龙舟稍小而装饰一样，用殿脚900人引进。嫔妃乘坐的是浮景舟，共有9艘，每艘用殿脚200人。贵人、美人和十六院妃子所乘的船叫漾彩舟，共有36艘，每艘殿脚100人。此外，还有各式各样的华丽大船上千艘，上面坐着宫人、僧尼道士、各国使者、宫廷卫士等，总计用殿脚800多人。这支浩浩荡荡的船队，在运河中航行的时候首尾相接，前后长达200多里。两岸又有20万骑兵护送，马蹄杂沓，旌旗蔽空。

　　这般行径，谁能想到这是曾经誓言励精图治的杨广呢？若说他的初衷是出于江山社稷的仁者之举，后来的他便是堕入了混浊之中，由着个人的欲念左右，只图一时享受，不以是非为是非了。梁先生说："人做坏事而不觉不安者，盖已陷入硬固的方向矣。"隋炀帝正是如此，如马车陷入泥地，而他并没有想着要出来。没有自省的动力，也没有他人的棒喝，最终越陷越深。

　　可见人的本心都是清明的，那些身处污秽而不自知的人只是心也被污秽沾满了而已，我们所能做的就是时时勤拂拭，莫使惹尘埃。

身无长物

出自《世说新语》，原指极度贫穷，后也指没有特长。

王大看王恭坐着一张六尺长的竹席，就对他说："你从东边回来，一定有很多这种东西，能不能给我一件？"王恭没有回答。王大走后，王恭就把坐着的这张席子给王大送去了。自己没有竹席了，就坐在草垫上。后来王大听说了此事，十分吃惊，就对王恭说："我以为你那里多呢，所以才要的。"王恭回答："您不了解我，我从来没有多余的东西。"

求田问舍

指只知道置产业，谋求个人私利。比喻没有远大的志向。三国时许汜去看望陈登，陈登对他很冷淡，独自睡在大床上，叫他睡下床。后来许汜避乱荆州，与刘备在座间谈及陈登（时已死），刘备称赞陈登是英雄，许汜有微词，并提起了这件事。刘备便斥责说："君有国士之名，今天下大乱，帝主失所，望君忧国忘家，有救世之意，而君求田问舍，言无可采，是元龙所讳也，何缘当与君语？如小人，欲卧百尺楼上，卧君于地，何但上下床之间邪？"辛弃疾后来在词中写道："求田问舍，怕应羞见，刘郎才气。"用的就是这个典故。

圣人之学，常好常对

孔子、颜子与常人的区别，没有特别的地方，只是生活常好常对而已。

将人分为好人坏人本身就是粗糙而不恰当的，毕竟他们的区别也仅限于仁流露的多少而已，而这种流露又是偶然性极大的，如《世说新语》里的王朗，开始热心待人，转眼就想弃之不顾，好坏只在一念间，看起来不免有些翻云覆雨，这就是普通人的生活。如果能够摆脱这种状况，那就成了圣人。要修炼成为圣人，对于平常人来说有两个方法：一是养成习惯；一是求仁。

梁漱溟先生对"习惯"这个词向来比较排斥，因为它代表了一种固定的程式，如谦恭是好，便养成谦恭的习惯；公平是好，便养成公平的习惯。对于这个办法，有许多哲学家、教育家，都有这种主张。但孔子的生活之学却不如此——一走入习惯的路子，就成为没有心的动作。如谦恭成为习惯，一则当谦恭而失掉内容，仅成形式；一则不当谦恭而他仍谦恭，便应付失当，无一不走入麻木之路也。

在这段话里，梁先生讲得非常明白，那就是习惯容易令人舍本逐末，甚至与初衷南辕北辙，因而要不得。

梁漱溟先生说："孔子、颜子与常人的区别，没有特别的地方，只是生活常好常对而已。"

孔子甘居九夷不毛之地而不觉陋，颜回"一箪食，一瓢饮，在陋巷，人不堪其忧，回也不改其乐"，他们的生活常好常对自然不是指生活境遇。他们所求的是心境的平和，出发点自然也

是心才好。明朝大儒王守仁将自己的学派称之为"心学"，真可谓得孔子生活之道、之要妙，梁先生与其英雄所见略同。普通人遇见事情，心中要较量一番——出手还是不出手？圣人则不会。他的心中江澄月明，一片纯然，毫不迟疑地就按着仁的路子去走了，能达到这种境界的人，才是"我欲仁斯仁至矣"。

伯夷和叔齐都是商末孤竹国的王子，最初孤竹国国君临终遗命以三子叔齐为王位继承人，孤竹君死后，叔齐谦恭礼让，坚持要大哥伯夷即位。伯夷不受，说："叔齐即位，是父亲的遗命，我不能违背父亲的遗愿！"于是离家出走。叔齐见大哥出走，也不当国君，打点行装追随伯夷而去，国家不可一日无君，孤竹国的大臣们只得拥立国君次子即位为君。后伯夷和叔齐两人闻周文王行善积德、礼贤下士，遂入周安身。当兄弟二人风尘仆仆地来到周时，文王早已去世，恰逢武王用车载着文王的灵位去讨伐商纣。兄弟二人立即抢上一步，拉住马的缰绳劝阻武王说："你的父亲死去后不安葬，却大动干戈，能说是孝吗？身为商纣的大臣，而兴兵弑君，能说是仁吗？"武王左右的将士一听他俩说出这么一番话来，拿起长矛就刺。姜太公忙说："他们是两位仁义之士，不能杀！"一边说一边把他俩搀扶开了。

周武王灭商后，建立了周王朝，天下诸侯和百姓都承认周武王的天子地位，但伯夷和叔齐却以此为耻。他们认为自己没有能制止周武王这种不义之行，于是决定隐居首阳山，后不食周粟而亡。子曰："伯夷、叔齐，不念旧恶，怨是用希。""求仁得仁，又何怨乎？"孔子赞叹伯夷和叔齐，不放弃自己信奉的理想，不同流合污玷辱自己的信念。

伯夷、叔齐或许面黄肌瘦、衣衫褴褛、朝不保夕，却依然能过着如梁先生所言的和乐的生活，这就是"常好常对"，终日不违心，既不违心，便是圣人也！对于为衣食奔走的凡夫俗子而言，当然不必经受首阳守节的考验，在生活的每次波澜之前如能做到"不违我心"，便是向圣人靠近了一大步。

弦外儒音

六艺

儒家要求学生掌握"六艺"，即六个方面的学问。这六者分别是礼（礼节）、乐（音乐）、射（射箭技术）、御（驾驭马车的技术）、书（书法）、数（算法）。从这些课程的设置来看，儒家是很注重学生素质的全面培养和发展的。

我心不懈，时时勤拂拭

我们先要了解人心本来如是，本来是
人心，本来是仁。一刹那，两刹那，十年
百年，莫不如是。所谓工夫，就是让他接连
着如是，这就是不懈。一懈就间断了……

能够守住自己的心，能够按照自己的想法去生活，
大概是每个人都向往的，但是人的心很容易被不同的浊雾所困
扰，只有圣人才能达到完全的清明之境。所以向圣人的境界靠
拢，自当向圣人学习。但是学习什么呢？如果学习他们的言行举
止，那不就又陷入了舍本逐末的套路了吗？就如同学武艺一样，
看别人一招一式的比画只能学到外面的花架子；不知其内在的气
息如何运度，只能是东施效颦。圣人之所以为圣人在于不懈。也
就是学习他们时时拂拭心之尘埃，做到心中常清常明。

梁漱溟先生说："我们先要了解人心本来如是，本来是人
心，本来是仁。一刹那，两刹那，十年百年，莫不如是。所谓工
夫，就是让他接连着如是，这就是不懈。一懈就间断了……"

生活本来就是好的，像一池清水流淌，不懈的意思就是要
时刻保持警惕，若有脏东西靠近，就要对水进行过滤以保持其纯
净。圣人就是这样做的，而且授人以鱼，不若授人以渔。圣人教
给他人的也是这种方法。

《论语》里曾子说："吾日三省吾身，为人谋而不忠乎？与
朋友交而不信乎？传不习乎？"宋代的朱熹也说："日省其身，
有则改之，无则加勉。"其意皆在反省。

自省就是学习。梁先生说："孔子'吾十又五而志于学'，
《中庸》《大学》之所谓'戒惧'，宋明人之所谓工夫，就是

这个学……这种让人常常好、常常对，就是要求人向时常好、时常对的路上走去。"学就是披沙拣金为我所用，同时淘汰污垢，纳入新的活力。很多人会质疑自省之功用，圣人之道怎么可能在一己的默念反思之间就能领悟呢？马克思主义告诉我们，质变是从量变开始的，而每次的量变中都含有质变，只是你不曾察觉而已。很多不可能完成的事情就在别人以为不可能的眼光中完成了，如水滴石穿、绳锯木断。这不是奇迹，而是点滴的积累之功效。毛泽东说："一万年太久，只争朝夕。"能在朝夕勤苦用功的人，终将成大业。

一位老人和他的小孙子住在肯塔基西部的农场。每天早上，老人都坐在厨房的桌边读《经书》。

一天，他的孙子问道："爷爷，我试着像您一样读《经书》，但是我不懂得《经书》里面的意思。我好不容易理解了一点儿，可是我一合上书便又立刻忘记了。这样读《经书》能有什么收获呢？"老人安静地将一些煤投入火炉。然后说道："用这个装煤的篮子去河里打一篮子水回来。"

孩子照做了，可是篮子里的水在他回来之前就已经漏完了。孩子一脸不解地望着爷爷。老人看看他手里的空篮子，微笑着说："你应该跑快一点儿。"说完让孩子再试一次。

这一次，孩子加快了速度。但是篮子里的水依然在他回来之前就漏光了。他对爷爷说道："用篮子打水是不可能的。"说完，他去房间里拿了一个水桶。老人说："我不是需要一桶水，而是需要一篮子水。你能行的，你只是没有尽全力。"接着，他来到屋外，看着孩子再试一次。

现在，孩子已经知道用篮子盛水是行不通的。尽管他跑得很快，但是，当他跑到老人面前的时候，篮子里的水还是漏光了。孩子喘着气说："爷爷，您看，这根本没用。"

"你真的认为这一点儿用处都没有吗？"老人笑着说，"你看看这篮子。"孩子看了看篮子，发现它与先前相比的确有了变化。篮子十分干净，已经没有煤灰沾在篮子上面了。"孩子，这和你读《经书》一样，你可能什么也没记住，但是，在你读《经书》的时候，它依然在影响着你、净化着你的心灵。"

这位爷爷真是智者，能如此生动地告诉幼小的孙儿人受净化的原理。其实人受自省的影响也是同一道理。谁的心不曾沾惹尘埃？凡圣之别就在于圣人能迅速地察觉到尘埃之所在，并且不遗余力地将它剔除出去；而世俗之人总以为还有其他更为重要的事情要做，从来忽略了内心的清明与否。谁都可以反省自己，但不是谁都能够每日三省，能够做到三月不违仁。师傅领进门，修行在自身。孔子只能指点修行之道，能否终成正果还要靠本人。

跟着梁漱溟学儒

一屋不扫何以扫天下

东汉太傅陈蕃十五岁时，曾经独处一个庭院习读诗书。一天，其父的一位老朋友薛勤来看他，看到院里杂草丛生、秽物满地，就对陈蕃说："孺子何不洒扫以待宾客？"陈蕃当即回答："大丈夫处世，当扫除天下，安事一室乎！"这回答让薛勤暗自吃惊，知道此人虽年少却胸怀大志。感悟之余，劝道："一屋不扫，何以扫天下？"

谁知竟成为勉励后学的励志名言。

悬梁刺股

东汉时期，有个人名叫孙敬，读书时怕因疲倦而打瞌睡，就找一根绳子，一头牢牢地绑在房梁上，这样一打盹，绳子就会把他扯醒。战国的苏秦，读书时准备了一把锥子，一打瞌睡，就用锥子往自己的大腿上刺一下，清醒过来后再继续读书。

90

第六章 活在当下，守住心门

君子求诸己，达无我之境

> 为己者就是我已忘形，为我怜悯他人而帮他，行了便完了。为人则行了还未完，因为为人则所行是手段。

平常我们说一个人自私是因他眼里只有自己，无私则应该是为他人着想，但梁漱溟先生却认为：为己与为人的区别也就是一个不自私与自私的区别。为己者就是我已忘形，为我怜悯他人而帮他，行了便完了。为人则行了还未完，因为为人则所行是手段。

这段话初看来不免令人满腹疑惑。其实如果和孔子对生活的态度联系起来，马上就风清月明、了然于胸了。梁漱溟先生说：

"为己即为当下之心情，求己即求其在我，一言以蔽之，乃是顺其当下所感的去做，无所谓为我，也无所谓为他，此是绝对的，所谓整个的生命是也。"这也是梁先生对孔子"君子求诸己"的解释。孔子对生活都是按照自己的心去做的，只求尽心而已，梁先生自己所崇尚的"尚情无我"也是这个意思。在"为己"者眼中，并无他人与自己之别，只是凭借自己的兴致而行，这才是真正的无私。

而"为他人"则不然，梁漱溟先生说得很明白：我们往往听人劝友人而说"完全是为你，与我不相干"。此实错误，且非事实。你有心帮助他人，只是因为心中的善念在引导。如果眼睁睁看着他们有难而自己袖手旁观，心中就会过意不去，因此施人援手。这样的行为其实就是为了自己的心中所安，旁人看来是"为人"，实则是"为己"，这才是梁漱溟先生所言的"无私"。当然也不能由此推断出他人就不必心怀感激的结论，因为人的心都是仁的，你有心帮是出于你的心，他心存感激是出于他的心，都是为了求心安。

为己和为人着眼点不同，最后的所求自然也不同。为己即是为心，自己的心里因为帮助别人而感到充实和快乐，事情就算结束了，你不会再去期待更多的东西。所谓赠人玫瑰，手留余香。自己已经得到了那份香气，何必还执着于其他呢？为人则不然，他既然以他人为焦点，便以他人获得解脱而居功，会希望对方能给自己一些表示。这样的为人，岂不反而成了自私？

娄师德和狄仁杰均是武则天时期的宰相，但两个人的能力却有差别。狄仁杰出类拔萃，而娄师德却显得有些平庸。尽管娄师德是个谦谦君子，不会和他人发生矛盾，但盛气凌人的狄仁杰就是看不惯娄师德和自己平起平坐，因此，平时总挤兑娄师德。

但是，娄师德是个信奉唾面自干的人，任凭狄仁杰怎么欺负，他似乎都不放在心上，而且似乎也没什么怨言。最后，武则天看到这种情况，便想找机会和狄仁杰谈一谈。

有一天，散朝的时候，武则天让狄仁杰留下，聊了几句，武则天单刀直入地问狄仁杰："我这么重用你，你知道这是为什么吗？"

狄仁杰答得也很干脆："我是一个从来不知道依靠别人的人，皇上您重用了我，我想一定是因为我的文章出色外加品行端正。"

武则天一笑："狄先生啊，这你就只知其一，不知其二了。当年，我对你其实一点也不了解，提拔你，全仗有人在我面前推荐你啊。"

狄仁杰很是吃惊，"真的啊？谁会推荐我呢？"

"给你三次机会，你猜一下吧？但我想，就是给你十次机会你也猜不出来！"

狄仁杰是个聪明人，见皇上这么说，就顺口答道："那就请皇上您直接告诉我好了。"

"告诉你吧，你能有今天，靠的是娄师德，是他在我面前三番五次地推荐你！"

武则天看出了狄仁杰的惊诧和难以置信，她随即让侍从取来档案柜，笑着对狄仁杰说："你自己打开看一下里面的东西吧。"

档案柜被打开了，十几封写给皇上的推荐信一一呈现在狄仁杰面前。这些推荐信的主题只有一个，那就是推荐狄仁杰担任重

要职务。十几封推荐信的作者也只有一个，那就是娄师德。这一下轮到狄仁杰无地自容了，原来自己能有今天，靠的是娄师德当年的大力推荐。自此之后，他对娄师德自然是倍加敬重。

其实对于娄师德本人而言，并不对狄仁杰的态度有任何介怀，否则他早会想办法让狄仁杰明白他的地位从何得来了，也不会对他的不屑心平气和。在他看来，自己这样做只是出于自己的心，他人的感激只不过是副产品而已。这样的人生才更为洒脱，不为他物所牵绊。

我们平时看到的"为己""为人"不过是表象而已，梁先生却从其本源上为我们做了明白的解释。为我的境界其实就是施恩不图报。在他人看来你是在施恩，为他人付出了精力等，唯有自己心中明了——不过是尽心罢了，哪里算是施恩呢？既然不是施恩，又何必求报？

狄仁杰

字怀英，武则天时期宰相，杰出的政治家。他曾担任国家最高司法职务，是我国历史上以廉洁勤政著称的清官，后人称之为「唐室砥柱」。

在其位谋其政，无功即有罪

孔子所谓"思不出其位"，就是告诉人不看远处，只看当下。

若将人生分为过去、现在和未来三段，立足点还是现在，因为生命就是现在。过去曾是现在，而未来还未到来，是一个冥想中的生命，其实算不得是真实生命的一部分。孔子所说的"君子求诸己"其实也是要求立足于现在的意思，因其讲的是当下自己的心情，过了当下就无须去追究了。

梁漱溟先生说，孔子所谓"思不出其位"，就是告诉人不看远处，只看当下。有人问"人无远虑，必有近忧"一节，似乎与

> 不看远处，只看当下。——梁漱溟

看当下一条相矛盾，实则此时看当下，因处于现在而思虑关于现在有何危险，其心固未离当下也。

这个当下既是时间，也是空间，要求专注于现在所做的事情。我们平常的毛病，就是心易到别处去，休闲时想做功课，做功课时想玩耍，都不对。其实你做功课时就做功课、玩时就玩才对。

每个人都有不同的人生阶段，每个人生阶段所要做的事情都不一样，这是从时间上来看；如果从空间上来看，身处不同的位置也应该明白自己在此地而非在彼地的责任。尸位素餐之人不仅其自身的人生意义无处可寻，还妨碍了别人的生活。

作为心忧天下的政治家，孔子还把思不出其位做了具体化——思不出其政。看中国历朝皇帝，属明朝的最为奇特，除了开国皇帝朱元璋、他的孙子朱允炆及明成祖朱棣之外，似乎都不

太务正业，不是喜欢做木匠，就是躲在深宫之中炼丹修仙。面对这样的君主，孔子纵然有极好的修养，纵然谨守"君君臣臣"之道，恐怕也得顿足痛哭。他当然无法去顾及千年后的明朝，但是对自己的弟子教诲却很严格。

季氏将要攻打附庸国颛臾。冉有、子路两人拜见孔子，说道："季氏将对颛臾使用武力。"孔子说："这难道不应该责备你吗？先王曾经任命颛臾的国君主管祭祀蒙山，而且它处在我们鲁国的疆域之中，这正是跟鲁国共安危的藩属，为什么要去攻打它呢？"

冉有说："那个季氏要这么干，我们两人都不想呢。"孔子说："冉求！贤人周任有句话说：'估计自己的力量才去就职，如果不能，就应该辞去职位。'比如盲人遇到危险，不去护持；将要摔倒了，不去搀扶，还用得着那些搀扶盲人的人吗？况且你的话错了。老虎、犀牛从栅栏里逃了出来，龟壳、美玉在匣子里毁坏了，这应责备谁呢？"

冉有说："颛臾，城墙坚固，而且离季孙的封地费县很近。现在不占领它，日后一定会给子孙留下祸害。"孔子说："冉求！君子讨厌那种避而不说自己贪心却一定另找借口的人。我听说过：无论是有国的诸侯或者有家（封地）的大夫，不必担心财富不多，只需担心分配不均；不必担心人民太少，只需担心社会不安定。若是财富平均，便没有贫穷；和平相处，便不会人少；安定，便不会倾危。做到这样，远方的人还不归服，便发扬文治教化招致他们。他们来了，就得使他们安心。如今你们两个辅佐季孙，远方的人不归服，却不能用文治教化招致；国家支离破碎，却不能保全，反而想在国境以内使用武力。我恐怕季孙的忧愁不在颛臾，而在宫墙里面！"

《论语》里面多是孔子与弟子对话的只言片语，上述记载季氏将伐颛臾的文字，是为数不多的长篇之一，孔子在这里详尽地

跟着梁漱溟学儒

论述了他"在其位当谋其政"的政治主张，而且对弟子相当严厉："求，无乃尔是过于？"前文说过劳心劳力均是各司其职，如果不能做好自己的本职工作，又何必用他？

清代纪晓岚的《阅微草堂笔记》里记载了这样一个故事：

一位官员死了之后去见阎王，自称清廉，所到之处只饮一杯水，不收一分钱，自认无愧于心。不料，阎王却大声训斥道："不要钱即为好官，植木偶于堂，并水不饮，不更胜公乎？"官员辩解："某虽无功，亦无罪。"阎王又言："公一生处处求自全，某狱某狱，避嫌疑而不言，非负民乎？某事某事，畏烦重而不举，非负国乎？三载考绩之谓何？无功即有罪矣。"

历来有许多官员"不求有功，但求无过"，行政不作为。若清廉按此定义，不如将木偶供于朝堂，反正它是铁定不会谋私的。阎王"无功即有罪"的申斥斩钉截铁，大快人心。

从朝堂推及现实生活，不难发现这样一些人物。孔子必定是讨厌这种狡猾的人的，因他没有老老实实地去做自己分内的事情。梁漱溟先生也是，他最喜欢小孩子和老实人，因为他们"心中无他"，只有自己正在做的事情，忙碌并乐在其中。

一花一世界，瞬间蕴生命

本来宇宙也只有生命，只有生活，实没有两个相对待的东西，只有心情。

梁漱溟先生说，孔子所谓为己者，只为尽其在我者是也。那么何为尽其在我者呢？在我，就是无他，看来只有我的生命，实则所谓人、己都一概包括在内。

梁漱溟先生说："本来宇宙也只有生命，只有生活，实没有两个相对待的东西，只有心情。"只有心情，也就是说此刻的你身上已经承担了整个的生命，过去和未来均相会于此时此刻，所以现在的生活就是涵盖了全部。英国诗人布莱克有一首诗对"心情"做了很好的阐释："从一粒沙子看到一个世界，从一朵野花看到一个天堂，把握在你手心里的就是无限，永恒也就消融于一个时辰。"永恒和瞬间是归于一处的。追求生命的意义，就是把握好当下的自己。梁先生把当下的心情和整个的生命对等正是这个道理——现在尽的力，倾注了你整个生命之力。

奥斯特洛夫斯基在他的名作《钢铁是怎样炼成的》里曾写道，人最宝贵的东西是生命，生命对人来说只有一次。因此，人的一生应当这样度过：当一个人回首往事时，不因虚度年华而悔恨，也不因碌碌无为而羞愧；这样，在他临死的时候，能够说，我把整个生命和全部精力都献给了人生最宝贵的事业——为人类的解放而奋斗！华罗庚也说，我们最好把自己的生命看作前人生命的延续，是现在共同生命的一部分，同时也是后人生命的开端。如此延续下去，科学就会一天比一天灿烂，社会就会一天比一天更美好。

不同的国度，不同的信仰，他们对待生命的态度却如此相似，所追求的都是高于个体生命，只能通过生命形式方能实现的人类的光辉灿烂。可以说他们是在为整个人类而活，通过人类的幸福来得到心灵的满足，尽己之力，达无私之境界。此等志向之高远、精神之崇高，令人高山仰止。

《三国演义》里也塑造了一大批鞠躬尽瘁死而后已的忠臣良将：诸葛亮自从隆中对后，便"受任于败军之际，奉命于危难之间"；白帝城托孤，纵然阿斗难扶，依然兢兢业业日理万机；为完成先帝遗业，知其不可为而为之，六出祁山，最后星坠五丈原。刘备两大将张飞、关羽自桃园结义，生死追随，特别是关羽过五关斩六将，只求胯下赤兔马随他走出曹营，更被奉为"忠绝"。

曹刘谁是正统？历史纷争原就随人评说，是非成败转头空，白发渔樵江渚上，惯看秋月春风。但是他们的忠肝义胆、碧血成虹，他们在历史上的龙腾虎跃、叱咤风云，又有谁能等闲视之？且夫天地为炉，造化为工，以生命为碳，化身铸剑。因为生命是人最后的底牌，身既灭，神难留。他们一投入，便投入了整个生命。

秦汉之际，点兵多多益善的韩信年轻时也曾经潦倒不堪。他在南亭亭长家混饭吃，时间长了，亭长老婆对他很厌恶，于是一天大早坐在床上把饭吃完了。韩信赶饭，扑了个空，知道是自己蹭饭遭嫌，人家以此来羞辱自己。他也不说什么，气鼓鼓地就跑出去了。因常常饿肚子，只好去河边钓鱼。这时，有一群帮人家洗衣服布匹的妇女刚好也到河边来洗衣布。其中一位老妇见韩信饥饿可怜，每天将自己的那份饭分成两半，留给韩信一半。就这样毫无厌倦之色地救济他，直到工作全部完成离去为止。韩信非常感动，对漂母

说："我将来富贵了，一定要重重地报答您老人家！"漂母生气地说："我给你饭吃，是看你实在可怜，不是为了图你报答！"

日后，韩信果然衣锦还乡。他找到当年的漂母，报以千金。找到南亭亭长，赏了他一百个小钱，说道："你是个小人，做好人做不到底。"

若论当年给韩信物质上的付出，南亭亭长无疑比漂母多得多，也好得多，但为德不卒，结果只得到一百小钱的回报。与其说这是回报，还不如说是羞辱。而漂母只是尽己所能，并不求回报。虽然付出的不过是疏食粗粝，那恩情已深如大海。《红楼梦》里薛宝琴写道："寄言世俗休轻鄙，一饭之恩死也知。"漂母的一饭救济，彰显的是其整个生命的光辉，为后人所敬仰。唐代大诗人李白就曾用该典故道："令人惭漂母，三谢不能餐！"

在生活中，如何才算是把那当下的心情、整个的生命都投入其中了呢？

教授把一只罐子放在讲台上，然后放满了鹅卵石，问同学们："这只罐子是不是满的？"同学们异口同声地说："是。""真的吗？"教授拿出了一些碎石子又装了进去，"现在是不是满的？"同学们不确定地说："也许还没有满吧？"教授笑了，又拿出了一些沙子装了进去。"现在有没有满？"同学们毫不犹豫地说："没有满！""很好。"教授说道，然后把一杯水倒了进去。

生命有盈缩之期，仁心即是凭当下的心情，率性而行，莫要犹豫。尽全力才能收获满心的欢喜，这也就是梁先生所说的"为情趣而为，便是为己"。

扶不起的阿斗

阿斗是刘备之子刘禅的小名，为人懦弱无刚。蜀国被魏所灭，他投降后被封为安乐公。司马昭安排了一场富有蜀国地方特色的舞蹈让他观看，并问他想不想家，他却乐呵呵地说自己『乐不思蜀』。后来就以此来指那些难成大事的糊涂之人。

多多益善

刘邦曾经在闲暇时与韩信讨论各位将领才能的大小。刘邦问道：『我能统帅多少士兵？』韩信说：『陛下你只不过能统帅十万人。』刘邦说：『那对你来说你能统帅多少呢？』韩信回答道：『我统帅的士兵越多越好。』刘邦笑道：『你统帅的士兵越多越好，那为什么你会被我所捉？』韩信说：『陛下不善于统帅士兵，但善于带领将领，这就是我之所以被陛下您所捉获的原因。而且陛下的统帅能力是天生的，不是人们努力就能达到的能力。』

今生未尽，何求来世

凡宗教无不存在于人的情志不安之上，而此种情志不安宁的人，没有一个能让我们承认他是对的……所有宗教家的讲话，都是出位之思。

孔子一直希望能够恢复周朝的礼乐制度，祭祀正是其中最重大的内容之一。梁漱溟先生却说孔子是反宗教的，这不是多少有些矛盾吗？梁漱溟以孔子所说的两句话作为反宗教的证据。

孔子云，"未知生，焉知死"，"未能事人，焉能事鬼"。孔子虽然敬天命，但是也不语"怪力乱神"。其实孔子所追求的是祭祀所代表的敬畏之心，是周室权威与尊严的象征。在那个时代不信鬼神的人寥若晨星，孔子何以能够如此？按照梁漱溟先生的观点，这与他着眼于当下有着密切的关系。

孔子一生所求不过是心之安宁，所以儒家并不是否认欲望的存在，欲望会给人带来无尽的快乐和烦恼，一再强调心之重要，希望以仁心为主导治疗欲望给人带来的伤痛，让人们学会勇敢而游刃有余地去面对眼前的困难，最终获得生命的顺畅安适。

但宗教却不是这样，梁漱溟先生说："凡宗教无不存在于人的情志不安之上，而此种情志不安宁的人，没有一个能让我们承认他是对的……所有宗教家的讲话，都是出位之思。"

人有生老病死、悲欢离合、七情六欲，这是人之所以为人之常理，儒家告诉人们如何应对这些来获得情志的安宁，宗教如佛教却不然。宗教家喜谈鬼

未知生，焉知死。——孔子

怪、来世，却偏偏远离了当下之情志。宗教家会许诺一个美好的未来，这个未来远到令你再也看不到脚下的土地。宗教总会宣扬眼前的一切都不重要，因为这些迟早是要舍弃的，美好的东西永远在彼岸。佛教认为，只有抛下眼前，不顾眼前，世人才能得到解脱，得到永恒的幸福。佛家总是告诉人们去消极地应付眼前，而不是积极主动地去进取，追随佛家的人渐渐地忘记了自己生命的活力、自己的能力。

某人在屋檐下躲雨，看见观音正撑伞走过。

这人说："观音菩萨，普度一下众生吧，带我一段如何？"

观音说："我在雨里，你在檐下，而檐下无雨，你不需要我度。"

这人立刻跳出檐下，站在雨中："现在我也在雨中了，该度我了吧？"

观音说："你在雨中，我也在雨中，我不被淋，因为有伞；你被雨淋，因为无伞。所以不是我度自己，而是伞度我。你要想度，不必找我，请自找伞去！"说完便走了。

第二天，这人遇到了难事，便去寺庙里求观音。

走进庙里，发现观音的像前也有一个人在拜，那个人长得和观音一模一样。

这人问："你是观音吗？"

那人答道："我正是观音。"

这人又问："那你为何还拜自己？"

观音笑道："我也遇到了难事，但我知道，求人不如求己。"

这个故事说明了"求人不如求己"的道理，寄托于他人和来世是不可靠的，与孔子所言之"君子求诸己"正相契合。

按照梁先生的说法，宗教是站在私欲之上的。之所以这样说，是因为宗教家以救世主自居，他们的眼中有自己和他人之别，因此他们是有所求的，并不是尽心了就好。无私者的手段和目的是合一的，尽心帮助他人，既是目的也是手段；宗教则不然，它宣扬教义只是一种手段，目的是忘却现在跟随他们走，这种手段与目的相分离的行为便被梁先生称为"私"。

除了"私"之外，梁先生还说："人之喜言鬼怪，则有矜喜惊怪的态度，此亦大病。"

有多少人能够证明有鬼怪、有来世的存在？虚无的东西总是能令人驰骋想象，天马行空。宗教家们善于讲述光怪陆离的故事，更善于渲染氛围。上有天堂和极乐世界，下有地狱魔鬼，然后让你用今生的行为来做出选择。那些遥远的玄想凌空蹈虚，变化万端，让人的心随之或喜或惧，或惊或忧，时而飞身云霄之上，时而坠身悬崖之下。这些心之大起大伏也是儒家所排斥的，因它背离了他们寻求心境柔畅的追求。

在生命阻塞、不知去往何处的时候，有人选择面对，有人选择逃避。宗教就是人们用来逃避的选择之一。它不是着眼于现在，它不是积极引导人们去正面地解决问题，而是在利用人们的不安令其怀疑自己。中间那么长那么波澜曲折的一条生命之路在宗教家看来不仅毫无动人之处，而且还成了累赘，岂不是可惜得很？但是儒家一直提醒我们：生命是活的，生命是当下，生命是我们可以抓住的。今生未尽，何求来世？

第七章

顺时而为，除去『执』的束缚

不自觉间陷入的"意必固我"

公私不是范围的区别，公是顺乎天理之自然，而私则是在天理之自然上多了一点意思。

梁漱溟先生认为，无私之人，看来只有我的生命，实则所谓人、己都一概包括在内。梁漱溟先生又对"私"与"无私"做了进一步的解释："公私不是范围的区别，公是顺乎天理之自然，而私则是在天理之自然上多了一点意思。""多了一点意思"就是要求，就是私，梁漱溟先

如果从"破执"的角度来说，儒家破的是"分别我执"。——梁漱溟

生称之为"意必固我"。

梁漱溟先生说，意必固我只是表达要怎样，一个要求。粗的要怎样不多见，而细的、不知不觉的要怎样太多了，以至成为牢固不拔的习惯。

要求就是想当然地觉得别人应该按照自己的习惯走，自己觉得这地方山清水秀，便摒弃他人"穷乡僻壤"的观点。大的要求可以大到一些西方国家在全球特别是在中东地区推行它的"民主"和"人权"；小的要求可以小到我喜欢吃黄花菜，你就不能觉得它难吃。

由己推人本是好事，但稍有差错便成了"强权主义"，一厢情愿地以为人同己心、人同己理。毕竟每个人都是不同的原子，有自己的运作方式。虽然人心均"仁"，但是每个人的仁都各自有异，不能用自己的尺子去衡量他人。

梁先生还特别指出：大家不要粗看意必固我的意思，以为我并未意必固我，这种不知不觉的意必固我，在我们真是太多，实已成为牢固的习惯而不自觉。人既有仁心，人自然愿意去做好事，但是别人却未必领情，同时自己还觉得委屈，这种以善之名行的恶事确实也不少见。

"乐府双璧"之《孔雀东南飞》就讲了这么一个故事：刘兰芝与府门小吏焦仲卿新婚几年，恩爱非常。刘兰芝"十三能织素，十四学裁衣，十五弹箜篌，十六诵诗书"，同时"指如削葱根，口如含朱丹。纤纤作细步，精妙世无双"，可谓知书达理、才貌俱佳。但是偏偏焦母却说"此妇无礼节，举动自专由"，坚持要求焦仲卿休妻。懦弱的焦仲卿慑于母威，送刘兰芝回了娘家。焦母还忙着给她儿子介绍对象，"东家有贤女，自名秦罗敷。可怜体无比，阿母为汝求"，"东家有贤女，窈窕艳城郭。

阿母为汝求，便复在旦夕。"最后落得焦仲卿夫妇一个"举身赴清池"，一个"自挂东南枝"。

焦母正是陷入了意必固我的态度而不自知。她没有理由要害自己唯一的儿子，只是一厢情愿地以为自己所选择的媳妇更能给焦仲卿带来幸福，等她醒悟到自己是在"越俎代庖"时已经晚了，能做的也只是"两家求合葬"。

这种悲剧在中国古代屡见不鲜。爱国诗人陆游有一首名为《钗头凤》的爱情词打动了无数陷于热恋却被迫分离的痴男怨女：

红酥手，黄縢酒，满城春色宫墙柳。东风恶，欢情薄，一怀愁绪，几年离索。错，错，错！

春如旧，人空瘦，泪痕红浥鲛绡透。桃花落，闲池阁，山盟虽在，锦书难托。莫，莫，莫！

写的就是陆母棒打鸳鸯，自己和结发之妻唐婉被迫分离后的相思之

> 世情薄，人情恶，雨送黄昏花易落。晓风干，泪痕残，欲笺心事，独语斜阑。难！难！难！ 人成各，今非昨，病魂常似秋千索。角声寒，夜阑珊，怕人寻问，咽泪装欢。瞒！瞒！瞒！
> ——唐婉和陆游《钗头凤》

情。这种把自己的意志强加于他人之上的行为难道还不算是恶吗？原本顺当的生活硬生生地被搅成了一堆乱麻。陆母若知道自己的儿子后半生一直未能忘情于唐婉，不知当作何感慨。

还有很多人以为自己所追求的东西，别人也必定觊觎，便起了毫无意义的排斥心理，令人贻笑大方。

《庄子》里有个这样的故事：

惠子在梁国做宰相，庄子前去看望他。有人对惠子说："庄子来梁国，是想取代你做宰相。"于是惠子恐慌起来，在都城内搜寻庄子整整三天三夜。

庄子见到惠子说："南方有一种鸟，它的名字叫鹓雏，你知道吗？它从南海出发飞到北海，不是梧桐树它不会停息，不是竹子的果实它不会进食，不是甘美的泉水它不会饮用。正在这时一只鸱鹰寻觅到一只腐烂了的老鼠，鹓雏刚巧从空中飞过，鸱鹰抬头看着它，发出一声怒气：'吓！'如今你也想用你的梁国来怒叱我吗？"

庄子嬉笑怒骂，对惠子做了淋漓尽致的嘲讽。道不同不相为谋，你视若珍宝，他人弃如敝屣。所以许多人对他人展示自己作品的时候会谦虚地说"敝帚自珍"，在你看来不怎样，我却情有独钟，这才是对彼此的尊重。

孔子说，"己所不欲，勿施于人"。退而思之，己之所欲，他人未必喜欢。想当然地把自己的要求放之四海让他人遵守，这就陷入了大"私"之中。要知道，人世间有百媚千娇，并非独你一种。屈原所叹的"何方圆之能周兮，夫孰异道而相安"也正是此理。

弦外听儒音

跟着梁漱溟学儒

王蓝田食鸡子

《世说新语》中有这么个故事：王蓝田性子很急。有一次吃鸡蛋，他用筷子夹鸡蛋，没有夹到，便十分生气，把鸡蛋扔到地上。鸡蛋在地上旋转不停，他接着从席上下来用鞋齿踩，又没有踩到。愤怒至极，又从地上拾取放入口中，把蛋咬破了就吐掉。

过而不留，似悲实不悲

他的一种悲哀的样子，却不是有什么忧放在心里。

常言道，"人生不如意事十之八九"，可见快乐之难求。谁都想要得一二忘八九，但做起来却并不容易。仁者既然能够生活常好常对，他们是不是纵化大浪中也能做到心如止水、不喜亦不惧？

其实不然。仁者有着最为柔嫩的心，比常人更能感触到悲喜之变。梁漱溟先生说："仁者时常关怀旁的事情，容易有所感受，所以他容易悲，容易哭，容易愁。"仁者也会有七情六欲，他们的心被外界投入石子的时候也会掀起万层波澜。

《论语》里有好几处写颜渊死后孔子的态度，其中最为激烈的是这两段：

颜渊死了，孔子说："唉！是老天爷真要我的命呀！是老天爷真要我的命呀！"（噫！天丧予！天丧予！）

颜渊死了，孔子哭得极其悲痛。

跟随他的人说："您悲痛过度了。"

孔子说："我悲痛过度了吗？我不为这个人悲伤过度，又为谁呢？"（颜渊死，子恸哭。从者曰："子恸矣！"子曰："有恸乎？非夫人之为恸而谁为？"）

"天丧予，天丧予"的哀号，"非夫人之为恸而谁为"的沉痛，不难看出儒雅温厚的孔夫子已是悲痛欲绝。心中的哀痛能表现出来，便重新得到了安慰和平复。仁者不同于常人之处就在于他们能够做到过而不留，"他的一种悲哀的样子，却不是有什么忧放在心里，即不是有一个欲念放在心里，所以他的生活也就流畅下去而不滞塞。"梁漱溟先生这样解释。

很多人却习惯于把感情"忍"着，梁先生认为忍即是"不仁"，即没有按照生命之理去生活。小孩子往往能够更为快乐，因为他们还不懂得什么是忍。梁漱溟先生说，"小孩比大人哭的时候多，他实在比大人乐的时候多，他哭的时候，有时只是他畅快的时候。因之，他的心无所蕴蓄，一味流畅下去。仁者如小孩一样，他的生活时常在生命之理上，是以时时流畅。"仁原本就是活的，眼泪是一种发泄，是疏通生命淤塞的通道，发泄完了就过去了，所以说仁者并不是没有悲哀、没有忧惧，但是由那种悲哀、忧惧所生的忧伤烦恼他却没有。

庄子的妻子病故了。好朋友惠子前来吊唁，见庄子正盘腿坐地，鼓盆而歌。惠子责问道："人家与你夫妻一场，为你生子、养老、持家，如今去世了，你不哭亦足矣，还鼓盆而歌，岂不太过分、太不近人情了吗？"庄子说："不是这个意思。她刚死时，我怎会独独不感悲伤呢？思前想后，我才发现自己仍是凡夫俗子，不明生死之理，不通天地之道。如此想来，也就不感悲伤了。"

惠子仍愤愤不平，质问道："生死之理又如何？"庄子说道："察其生命之始，而本无生；不仅无生也，而本无形；不仅无形也，而本无气。阴阳交杂在冥茫之间，变而有气，气又变而有形，形又变而有生，今又变而为死。故人之生死变化，犹如春夏秋冬四时交替也。她虽死了，人仍安然睡在天地巨室之中，而

我竟还悲哀地随而哭之，自以为是不通达命运的安排，故止哀而歌了。"

尽管庄子看似超然，但不可否认的是他在妻子死后是真心地悲痛过的，因悲痛而思考，于是他的心在悲痛与思考中得到了平复。很多人在接受一些残酷现实的时候都会经历这样的过程。陶渊明曾说："亲戚或馀悲，他人亦已歌。死去何所道，托体同山阿。"他人还有余悲，陶渊明心中最初的悲痛已经消于无形，因为他知道一切都会过去，生活还要继续。

而"竹林七贤"中的阮籍则不是这样。他本性情中人，在司马氏的统治之下，却只能以忍的方式来表达不满。忍即违心，做自己不愿做的事情，这对他的身心伤害极大。

《世说新语》里面记载了几件他丧母时发生的事情。

阮籍在下棋时听到母亲去世的噩耗，还坚持没事似的把棋下完，然后饮酒二斗，吐血数升。

阮籍在给母亲出殡时，蒸了一头小肥猪，喝了两斗酒，然后去和母亲诀别，他只说了一句："完了！"大号一声，随即口吐鲜血，昏厥过去，很久才醒来。

阮籍为母亲服丧期间，在晋文王（司马昭）的宴席上喝酒吃肉。司隶校尉何曾也在座，他对文王说："您正在以孝治国，而阮籍却在母丧期间出席您的宴会，喝酒吃肉，应该把他流放到偏远的地方，以正风俗教化。"文王说："嗣宗如此悲伤消沉，你不能分担他的忧愁，为什么还这样说呢？况且服丧时有病，可以喝酒吃肉，这也是符合丧礼的呀！"阮籍依旧在喝酒吃肉，神色自若。他看似神色自若，实则五内俱焚。

梁先生说，仁者的看似悲哀的样子，却不是有什么忧放在心里。因为他把忧伤都泄于外了，情动于中而发于外。阮籍却不是这样，他的伤痛正是悲哀、忧惧所生的忧伤烦恼。

孔子说，"不仁者不可以久处约，不可以长处乐"，以此可推出唯有仁者可以"长处乐"。过而不留，此情此景已成过往了，该尽的心、该尽的情既已于当时倾泻而出，心中再无遗憾，就可以继续满心欢喜地做当下之事，这也就是孔子自己的生活、他所赞赏的生活。

《挽歌其三》

晋陶渊明所作。内容为："荒草何茫茫，白杨亦萧萧。严霜九月中，送我出远郊。四面无人居，高坟正嶕峣。马为仰天鸣，风为自萧条。幽室一已闭，千年不复朝。千年不复朝，贤达无奈何！向来相送人，各自还其家。亲戚或馀悲，他人亦已歌。死去何所道，托体同山阿。"

生命本自然，道理易僵化

人本应当顺着人情去做，若靠一个道理去生活，则他们的生活真是非乱不可。

生活中，人们总是情理并提，如情理不通、晓之以理、动之以情等。情是心底一动，发而于外，往往千丝万缕、变化莫测；理则可以用"概念、判断、推理"来定论，像是数学公式，板上钉钉。但是梁漱溟先生是讨厌按照理去生活的，因为道理原是本于人之心、人之情，现在把它作为行为的准的，就是"多一点意思"，也陷入了"意必固我"。不能灵活地顺风顺水而行，却大笔一挥制定出生活的条条框框，这样的生活不是僵化得可怕吗？

因此梁漱溟先生说，如宗教之信仰，哲学家之学理，与夫社会上之习惯等，这许多东西，如生物之机械的动作一样，社会上觉得非常之需要，实则非常扰乱吾人之生活。

人本应当顺着人情去做！——梁漱溟

理是人们公认的维护社会秩序的基石，基石当然要稳固可靠且恒久不变，但这也成了理的弱点所在。梁漱溟先生举例说，譬如以爱人爱物这个道理顺着往下去推，必至流于墨子之兼爱、基督教之博爱；再推测到佛教的慈悲不杀生；再推，不但不杀动物，还要不杀植物才对，乃至一石一木也不要毁坏才是。但是在社会中投入个人，个人很容易被社会化。说得漂亮一点，是融入了社会生活，换言之，就成了异化。也就是说，道理是从人情中提炼出来，让人更好地生活的，但是很多理其实已经背离了情，结果要求人弃情从理去生活，远离了生命的原貌。

宋朝理学家朱熹最为后人批得体无完肤的恐怕就是"存天理，灭人欲"这句话了。他的本心是想为天地万民指点一条"常好常对"的道路，故这一论点的前提当是"欲是坏的"，否则逻辑上便不能成立。朱熹所说的欲其实已经囊括了常人所说的情，人容易纵情，"富贵易淫，贫贱易移，威武易屈"，可见朱熹对人是多么的不信任，这不是和荀子的性恶论殊途同归了吗？梁漱溟先生自然是反对这个意见的，因为在他看来，只要按照仁心去做，人就可以过上正常且和乐的生活。

所以，梁先生说："人本应当顺着人情去做，若靠一个道理去生活，则他们的生活真是非乱不可。"如果按照道理去做，不仅是画蛇添足，更容易弄巧成拙。一条放之四海而皆准的道理往往会走入呆板、僵化的道路，也就是马克思所说的教条主义错误。

在中国有个按图索骥的故事。春秋时，秦国有个名叫孙阳的人，善于鉴别马的好坏，他把自己识马的经验写成书，名为《相马经》。这本书图文并茂地介绍了各类好马，所以人们把孙阳叫作"伯乐"。孙阳的儿子熟读了这本书后，以为自己学到了父亲的本领，便拿着《相马经》去找好马。一天，他在路边看见一只癞蛤蟆，前额和《相马经》上好马的特征相符，就以为找到了一匹千里马，马上跑去告诉父亲："和你书上画的好马差不多，只是蹄子不像。"孙阳听后，哭笑不得，只好回答说："这马太爱跳了，不好驾驭。"

理其实并没有错，因为它本身就是从情中衍生的，只是它容易走极端，不如情与生活贴得更近。所以梁先生说，凡是认定一条道理顺着往下去推，就成了极端。事实本是圆的，若认定一点拿理智去推，则为一条直线，不能圆矣，结果就是走不通。

华佗治头痛

曹操患偏头风病，久治无效，经华佗针刺就不痛了。倪寻和李延两人，也都患头痛发热。华佗给倪寻吃泻药，给李延吃发汗药，结果都治好了。怎么相似的病例治法如此不同，这是什么道理？华佗回答说：『倪寻是伤食，李延是外感，所以治法不能一样。』

是非随我心，游刃咫尺间

> 本来是非是主观的情理，只在直觉上有，只在好恶上见，完全应与客观的事理分开。

与"非理"的态度相对，就是"主情"。梁漱溟先生说："本来是非是主观的情理，只在直觉上有，只在好恶上见，完全应与客观的事理分开，他仅仅是一个意味，是一个情味。所谓是者就是欢迎的意思，所谓非者就是拒绝的意思，完全是心情的一种力量。"欢迎与

拒绝就是心里的喜欢与不喜欢之别，喜欢就去做，不喜欢就不做，不为外物牵绊，如此心里就时时安心舒畅。

因此梁先生认为："孔子主张亲亲而仁民，仁民而爱物，完全是听凭直觉之所指示，情到何处，他的行为就到何处……"孔子"知其不可为而为之"是他的情味如此。世界上不乏狂人、痴人，如梅妻鹤子的林逋、稳坐钓鱼台的严子陵。旁人看来他们是不通情理——富贵荣华不是远比茅檐草屋要好得多吗？否则饱读诗书又是为何呢？因为在世俗之人看来，隐居不过是退而求其次的选择，只要有机会就应该出而为功为业，不应该偏安一隅。但是人各有志，这些人心中自有对是非的计较，只有做自己喜欢的事情才能达到生命的逍遥，所以不会陷于他人的评价。

战国时期，孟子名气很大，府上每日宾客盈门，其中大多是慕名而来求学问道之人。有一天，接连来了两位神秘人物，一位是齐国的使者，一位是薛国的使者。对他们，孟子自然不敢怠慢，小心周到地接待。

齐国的使者给孟子带来100两金子，说是齐王的一点小意思。孟子见其没有下文，坚决婉拒了齐王的馈赠。使者灰溜溜地走了。

过了一会儿，薛国的使者也来求见。他给孟子带来50两金子，说是薛王的一点心意，感谢孟子在薛国发生兵难时帮了大忙。孟子吩咐手下人把金子收下。左右的人都很奇怪，不知孟子葫芦里装的是什么药。

其中有一位弟子问孟子："齐王送您那么多的金子，您不肯收；薛国才送了齐国的一半，您却接受了。如果您刚才不接受是对的话，那么现在接受就是错了；如果您刚才不接受是错的话，那么现在接受就是对了。"

孟子回答说:"都对。在薛国的时候,我帮了他们的忙,为他们出谋设防,平息了一场战争,我也算个有功之人,为什么不应该受到物质奖励呢?而齐国人平白无故给我那么多金子,是有心收买我,君子是不可以用金钱收买的,我怎么能收他们的贿赂呢?"

相似的事件,不同的态度,看似孟子厚此薄彼,旁人不解,他却心中明了。君子爱财,取之有道。这可以说是一条公认的道理,但是这道理也是出于他心中的考虑:既然有功,自然是喜欢赏赐的了;而无功受禄不符合他心中的君子之道,自然是退而拒之了。一是一非,孟子分得明明白白。

《红楼梦》中的黛玉,"一时好了,一时恼了",爱使小性子,在宝玉看来这却是她真情之流露,这也是她的可爱之处。但黛玉并不能做到是非由心,否则也不会且落泪且伤怀了。她正是梁漱溟先生所说的为忧惧而生忧惧。她使小性子来表达不满,但又太过在意自己的小性子为旁人所看不惯,每想到自己寄人篱下便郁郁不乐。而这种在意和抑郁久积在心,不知如何排遣,转而伤身。

《红楼梦》中有一回"金兰契互剖金兰语 风雨夕闷制风雨词",花费不少篇幅写宝钗、黛玉难得的交心,从中可看出黛玉对自己的多心也是明白的,但是却始终无法从中解脱。

黛玉叹道:"你素日待人,固然是极好的,然我最是个多心的人，只当你有心藏奸。从前日你说看杂书不好，又劝我那些好话，竟大感激你。往日竟是我错了，实在误到如今。细细算来，我母亲去世的时候，又无姐妹兄弟，我长了今年十五岁，竟没一个人像你前日的话教导我。怪不得云丫头说你好。我往日见他赞你，我还不受用；昨儿我亲自经过，才知道了。比如你说了那个，我再不轻放过你的；你竟不介意，反劝我那些话：可知我竟自误了。若不是前日看出来，今日这话，再不对你说。你方才叫我吃燕窝粥的话，虽然燕窝易得，但只我因身子不好了，每年犯了这病，也没什么要紧的去处；请大夫，熬药，人参，肉桂，已经闹了个天翻地覆了，这会子我又兴出新文来，熬什么燕窝粥，老太太、太太、凤姐姐这三个人便没话，那些底下老婆子丫头们，未免嫌我太多事了。你看这里这些人，因见老太太多疼了宝玉和凤姐姐两个，他们尚虎视眈眈，背地里言三语四的，何况于我？况我又不是正经主子，原是无依无靠投奔了来的，他们已经多嫌着我呢。如今我还不知进退，何苦叫他们咒我？"

偶尔听到窗外老妈子在骂小丫头，也误以为是在说自己，对旁人心存忌惮。可见她虽然目下无尘，孤高自诩，面对他人却不免也战战兢兢，如履薄冰。这样压抑着自己，怎能舒畅快活？倒是同样父母双亡的湘云心直口快，豪爽大方，寄居他处也总是笑意盈盈。黛玉把自己的心托于他人自然就以他人之是非而波动，不如湘云当喜则喜、当忧则忧的自由潇洒。

是非由心，生活方有趣味，梁漱溟先生说："本来所谓我者，只是生命上之一意味，其与所谓苦乐是非者，通统是生命上之一意味。"心本活泼，由心去调剂生活，生命才倍显光彩。

刘伶醉酒

刘伶纵酒放达，或脱衣裸形在屋中。人见讥之，伶曰：『我以天地为栋宇，屋室为裈衣。诸君何为入我裈中？』

祢衡击鼓

祢衡很有才华，孔融多次向曹操推荐他，但祢衡一向厌恶曹操，不肯前往。

曹操知道祢衡善击鼓，就召他为击鼓的小吏。一日大宴宾客，曹操让祢衡击鼓助兴，想借此污辱祢衡，没想到这个才子在换装束的时候，竟当着众宾客的面把衣服脱得精光，曹操大为恼怒，后来把祢衡押送到荆州给了刘表，刘表又把他给了黄祖。黄祖脾气暴躁，见祢衡当众对他无礼，就把他杀了。

第八章

天人合一，礼乐是真情最美的衣裳

礼之源乃生命之理

生命之深密处，乃是真正之优美文雅，此是礼乐之根本。

孔子是最重视礼的，他奔走各国就是希望分崩离析的天下又能重新回归于周礼。《论语·乡党第十》几乎就是孔子为传授礼而编的教材，里面对人的谈吐、举止礼节等都做了严格的规定。孔子的态度也不似其他地方那般洒然，而是充满恭敬而严肃的语气，可以想见当年孔子在讲授这些时必是正襟危坐、端庄谦恭。

孔子于乡党，恂恂如也，似不能言者。

其在宗庙朝廷，便便然，唯谨尔。

朝，与下大夫言，侃侃如也；与上大夫言，訚訚如也。君在，踧踖如也，与与如也。

——《论语》

看见穿丧服的人，即使是亲近的人，也一定要改变面色以示同情。看见穿礼服的人和盲人，即使是熟悉的人，也一定有礼貌地对待他。

乘车时，遇见穿孝衣的人要行轼礼。遇见背着国家图籍的人也要行轼礼。

别人以丰盛的饭食款待，一定要改变容色站起身来表示敬意。

遇到疾雷、大风，一定要改变容色。

上朝的时候，跟下大夫说话，温和欢愉；跟上大夫说话，恭敬正直。君主在朝的时候，举止恭敬，威仪适度。

这些礼节在孔子眼里都是必须遵守的，否则不足以表明自己的心迹。但是主张任性率真的一些现代人总以为这些礼是束缚自由的网，甚至觉得有些虚伪：为什么不能一直保持着自己原来的态度，而要"改变容色"呢？这不是太假了吗？难道礼和人的真性情是相对立的吗？其实不然。

梁漱溟先生说："仁者的生活是一团和气。因为他有和乐的心，所以他一举一动无论怎样都是优美文雅。此见之于言辞举动之优美文雅，是从生命之深处发出。生命之深密处，乃是真正之优美文雅，此是礼乐之根本。"这就是说礼并非是与心情不相容的，恰恰相反，礼是心情最自然之表示。反而是一直嚷嚷着个性自由的人应该去反省一下：是不是陷入了孔子所言的"意必固我"？

仁是柔嫩的心，看见刚失去至亲的人，心底自然会被拨动，生出同情，改变面色不过是同情心所带来的外在的表露；看见盲人，仁心就会生出怜悯，礼貌地对待他们。以此推之，在面对不同对象、不同环境时，人的心底会生发出不同的意味，从而表现出不同的礼。面对下大夫时，心情放轻松，自然能做到欢愉的交谈；面对上大夫时，则会更为谦虚谨慎，所以就恭恭敬敬。这些不正是人之常情吗？

杨时是北宋时的才子，他小的时候就很聪颖，善写文章。程颢和弟弟程颐讲授孔子和孟子的学术精要（即理学）时，很多学者都去拜他们为师，杨时便以学生礼节拜程颢为师，师生相处得很好。杨时回家的时候，程颢目送他说："我的学说将向南方传播了。"又过了四年程颢去世了，杨时听说以后，在卧室设了程颢的灵位哭祭，又用书信讣告同学的人。程颢去世以后，杨时又到洛阳拜见程颐，这时杨时已40岁了。一天，当他拜见程颐，程颐正闭着眼睛坐着，杨时与同学游酢就侍立在门外没有离开。等程颐察觉的时候，门外的雪已经一尺多深了，他们的身上落满了雪花。

这个程门立雪的故事一直为后世所颂扬。并没有人要求学生以这种方式来表达其尊师重道之情，他们只是遵从心里对老师的敬意而行了这样的礼。刘备"三顾茅庐"也是同样的道理，是刘备在面对胸藏天地的诸葛亮时所流露的尊贤与求才之心，对他们

来说，自己的所为只是尽心而已。

子张问："十世以后的事，可预知吗？"

孔子回答说："殷代因袭于夏礼，有些损益的，现在仍可考而知。周代因袭于殷礼，有些损益的，现在亦可考而知。将来有继周而起的，纵使一百世之久，我们也该可以预知呀。"

礼从夏朝承袭下来，历经百世依然可以为人们所知，这是何故？那是因为不管山河几番轮换，人之仁心却是千古不变。只要作为心之本性的仁未变，所立之礼虽千万变，总不出乎此生命之理。况且，如果不是因为礼和人之本心契合，在行礼的时候不就成了"违仁"之举吗？生命一旦如此，就会滞塞，人就会踟蹰不安，礼又岂能有如此长久的生命力？

生活中的仁者毕竟是少数，常人的仁心易被欲念、固执这些浊雾所困扰牵绊，无法按照自己的仁心自然而行，所以极少有人能够从心所欲不逾矩，所以礼的出现才如此必要。但它并不是来束缚我们的自由的，而是让人更好地认清自己的心。正如梁漱溟先生说："礼便是生命之恰好处，即约之以生命之理，此根本之理，可贯通一切。"

弦外儒音

华夏成人礼

按周制，男子二十岁行冠礼，不过天子诸侯为早日执掌国政，多提早行礼。传说周文王十二岁而冠，成王十五岁而冠。女子则一般十六岁行笄礼。从那之后，少男少女作为氏族的一个成年人，参加各项活动，并可以婚嫁。

文质彬彬，然后君子

文质通统不能离开，不应苟简。

礼既然是心流于外之表现，看起来就是一种外在的形式。生命深处是优美文雅，那么礼也应该优美文雅才对。只有两者都做到恰到好处，才能够称得上是君子。

有些人却误以为只要有真情，行为就随之而来，不需要自己再注意些什么东西。其实不然。人除了心之外，还有很多的干扰，比如欲。这些东西也会在不知不觉中表现出来，令行为失当。如果要表现人的真情，合乎优美文雅，就应当听从纯粹的心的指引，去除与本心不相合的虚荣造作等，如此才能做到内外一致。梁漱溟先生说："文质通统不能离开，不应苟简。"苟简就是草率简陋。孔子的弟子子贡就对这个问题说得很明白。

春秋时期，卫国有个大夫，叫作棘子成。棘子成不明白人为什么要学"文"，于是问孔子的学生子贡："君子只要有好的本质就够了，干吗还要有外在的礼仪呢？"子贡回答说："文和质同样很重要，怎么可以把它们等同起来呢？虎豹之所以不同于犬羊，不仅因为它们本质上是不同的兽类，还因为它们皮毛的花纹不同。如果你把虎豹、犬羊身上的皮毛都拔去了，你还能分辨得出哪些是虎豹哪些是犬羊吗？"

质是一个人内在的气质，隐而不显；文原指纹理，这里说的是外在的行为礼节。子贡说得很明白：如果没有礼，人就难以辨别粗野和文雅了。人与人之间的交往是礼节的对话，礼节是一个人真性情的使者，如果他不能准确地把

> 质胜文则野，文胜质则史。文质彬彬，然后君子。——孔子

内心的柔和、美好表现出来，又怎么让他人来理解他的内涵修养呢？毕竟别人只能从外在的表现去推测一个人的内心。你能相信一个衣衫不整、满嘴脏话的人会是谦谦君子吗？若是有，恐怕也是另有隐情，如伪装等。

所以孔子说："质胜文则野，文胜质则史。文质彬彬，然后君子。"

性情过于直率就显得粗鲁，礼仪过于恭敬就显得虚浮，恰当的性情与礼仪，才是成熟的人该有的样子，才能够称得上是君子，这也是孔子所崇尚的中庸之道的表现。真性情虽好，也需要恰当地表现出来才能为人们所推崇和接受。

孔子还特别强调了礼之重要："恭而无礼则劳，慎而无礼则葸，勇而无礼则乱，直而无礼则绞。君子笃于亲，则民兴于仁，故旧不遗，则民不偷。"

也就是说，只是恭敬而不以礼来指导，就会徒劳无功；只是谨慎而不以礼来指导，就会畏缩拘谨；只是勇猛而不以礼来指导，就会说话尖刻。在上位的人如果厚待自己的亲属，老百姓当中就会兴起仁的风气；君子如果不遗弃老朋友，老百姓就不会对人冷漠无情了。

恭敬、谨慎这些内在的情感不能无端无节制地表露出来，而是要合乎礼之约束。就如同每个人都有"仁"心，要达到仁者的境界却不能于仁有丝毫偏差一样，礼也必须中规中矩。孔子曾经称赞《诗经·关雎》道："乐而不淫，哀而不伤。"无论是快乐和悲痛都有一定的节制，这才是最值得称道的。这八个字后来也

成为中国美学上的一个准的。

　　孔子的要求看似有些苛刻，其实和"我欲仁，斯人至矣"一样，是可以做到的。梁漱溟先生说，因为好的行为的根本是出于好的心理。心情柔和的时候，他一举一动自会中礼。也就是排除杂念，只按照自己心中的仁心去行事就足矣。孔子自己就是如此做的。

　　颜渊死了，他的父亲颜路请求孔子卖掉车子，给颜渊买个外椁（古时棺材分为两重，里层叫棺，外层叫椁）。孔子说："有才能的和无才能的，对个人来说都是自己的儿子。我儿子孔鲤死的时候，也只有内棺没有外椁。我之所以不卖掉车徒步行走来替他置办外椁，是因为我在大夫的行列之后随行，是不可以徒步走路的。"

　　如果仅看这段话，会觉得孔子人情浅薄——颜回是他最欣赏的弟子，又是颜回的父亲来求他；还有些虚荣——非要乘车出行。但是，从前面他对于颜回死而痛哭"天丧予"，就可知他心中对颜回是万分不舍；他可以居九夷而不觉陋，又怎会是一个贪慕虚荣之人呢？其实他这么做都是出于一个"礼"字。《礼记·檀弓》说，安葬双亲应该根据家庭的财力，对待子女更应该如此，所以入葬时仅有内棺而无外椁并不违反礼制；相反，如果超过自家的能力厚葬颜渊，反而是违背礼的。同时，《礼记·王制》记载，有官爵的人和老年人不必徒步行走，大夫拥有车乘是符合礼的规定的。所以，适可而止才是君子之道。

尽善尽美

孔子说《韶》：「尽美矣，又尽善也。」又说《武》：「尽美矣，未尽善也。」尽善尽美是孔子的美学标准。《韶》是舜帝之乐，当时采纳禅让制，因此说音乐既美且善；而《武》是周武王之乐，周武王以武力夺取天下，因此孔子说他的音乐虽然美，但是却没有达到善。

嵇氏四弄

嵇康通晓音律，著有音乐理论著作《琴赋》《声无哀乐论》。他所作的《长清》《短清》《长侧》《短侧》四曲，被称为「嵇氏四弄」，与蔡邕创作的「蔡氏五弄」合称「九弄」，是我国古代一组著名琴曲。隋炀帝曾把弹奏「九弄」作为科举取士的条件之一。

《论语·八佾》：

尽美矣，又尽善也。

宁取狂狷，不取乡愿

所谓狂狷者，本不合乎中，一偏于积极，一偏于消极，却是他们都有一种好处，即是能表现他们的个性，能率真不虚假也。

"文质彬彬，然后君子"，文质并重，是孔子认为最理想的为人处世境界。但是世人往往在文或者质上有所偏颇，因此真正能做到的并不多。孔子也意识到了这一现实的问题，所以他才说："不得中行而与之，必也狂狷乎！狂者进取，狷者有所不为也。"

中行即中庸之道，指的是文质彬彬的君子之风。如果没有这样的人，就和狂狷之人相似。狂者敢作敢为，狷者对有些事是不肯干的。这两种人言行举止并不符合礼的要求，却是真性情的流露。梁漱溟先生说："所谓狂狷者，本不合乎中，一偏于积极，一偏于消极，却是他们都有一种好处，即是能表现他们的个性，能率真不虚假也。"虽然并不完全从仁心出发，表现的却是完整的纯粹的性情。

王国维《人间词话》说："'昔为倡家女，今为荡子妇。荡子行不归，空床难独守。''何不策高足，先据要路津？无为久贫贱，坎坷长苦辛。'可谓淫鄙之尤。然无视为淫词、鄙词者，以其真也。"这两首诗原本语言有些粗鄙，但是却依然值得欣赏，就在于其情之真切。

相对地，孔子又说道："乡愿，德之贼也。"后来的孟子也说过相似的话："阉然媚于世也者，是乡愿也。"

"乡愿"其实就是道貌岸然的伪君子。这种人内在道德败坏，但是表面上却是彬彬有礼、八面玲珑、世故圆滑，满口仁义礼智信。如《儒林外史》里的范进，在服丧期间为表孝道不肯用

银镶杯箸吃饭，后来换了象牙的，仍然不肯用，直至换了双白颜色竹筷子才算罢休，看似一个至孝之人，不敢丝毫违礼。文章却接着写了一个细节：他在燕窝碗里拣了一个大虾圆子送到嘴里。伪君子的形象跃然纸上。

正是出于对伪君子的憎恶，所以孔子说："巧言、令色、足恭，左丘明耻之，丘亦耻之。匿怨而友其人，左丘明耻之，丘亦耻之。"孔子还说过："巧言令色，鲜矣仁。"可见他对于巧言令色之徒是深恶痛绝的。"鲜矣仁"和"德之贼"正是一个意思，都是质之不行。刘基在《卖柑者言》中就讽刺了这样的人："金玉其外，败絮其中。"礼原本是出于真心，只是为那份心穿上一件合身而得体的衣裳而已，现在却是用花哨的衣裳来掩盖内心的不足，喧宾夺主。

因此梁漱溟先生对文和质的关系总结道："宁不足于礼，不可不足于心情。"

孔子的人生态度也就是求心安，心若安定，外面的风吹雨打都可看作是过眼云烟。礼也是如此，如果不得已不可能为他人所谅解，也不会因人不知而愠。所以孔子虽重视外在的礼，但是更推崇心中之礼。

《论语》有言："林放问礼之本，子曰：'大哉问！礼，与其奢也，宁俭；丧，与其易也，宁戚。'"

奢华容易让人迷失礼原来的意义；丧事与其做到形式上的和易周备，不如人内心的哀伤。如梁漱溟先生所说："礼可简约，心情不可较薄。"

鲁迅先生在《魏晋风度及文章与药及酒之关系》中写道，何晏王弼阮籍嵇康之流，因为他们的名位大，一般的人们就学起来，而所学的无非是表面，他们实在的内心，却不

知道。因为只学他们的皮毛，于是社会上便很多了没意思的空谈和饮酒。阮籍等人的言行举止看起来不合礼法，但是他们知道自己内心的真情在流露。用鲁迅先生的话说：大凡明于礼义，就一定要陋于知人心的，所以古代有许多人受了很大的冤枉。例如嵇阮的罪名，一向说他们毁坏礼教。但据鲁迅先生个人的意见，这判断是错的。魏晋时期，崇尚礼教的看来似乎很不错，而实在是毁坏礼教、不信礼教的。表面上毁坏礼教者，实则倒是承认礼教、太相信礼教。因为魏晋时代所谓崇尚礼教，是用以自利，那崇奉也不过偶然崇奉，如曹操杀孔融、司马懿杀嵇康，都是借口他们和不孝有关，但曹操、司马懿何尝是孝子，不过将这个名义加罪于反对自己的人罢了。于是老实人以为如此利用，亵渎了礼教，不平之极，无计可施，激而变成不谈礼教、不信礼教，甚至于反对礼教。但其实不过是态度，至于他们的本心，恐怕倒是相信礼教、当作宝贝，比曹操、司马懿们要迂执得多。

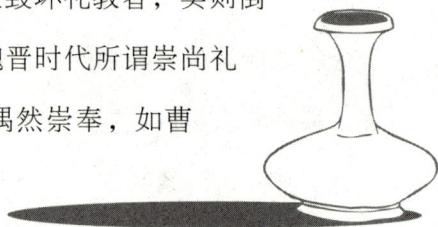

这里曹操便成了孔子所说的乡愿——看似在维护伦理道统，其实他的心中并无这些道义在，伦理只是他的政治手段而已。既然伦理被不信伦理的人利用，真心信伦理的阮籍等人便反其道而行之，如阮籍闻母丧，貌似镇定自若，与情理不通，却吐血数次，表其真情。他的行为表面上就是孔子所说的狷——偏于消极，当为而不为。

孟子曾说："鱼，我所欲也；熊掌，亦我所欲也。二者不可得兼，舍鱼而取熊掌者也。"对于孔子而言，文与质都是他所欲；二者不可兼得，宁取狂狷不取乡愿也。

何所闻而来

嵇康是当时的名流，依附司马氏的钟会想去拜访他，钟会到来的时候嵇康正在打铁，知道有贵人来也装作没看见，依然专心地打着铁。钟会站了好一会儿觉得索然无趣，准备离开。临走前，嵇康忽然抬头问道："何所闻而来？何所见而去？"钟会答道："闻所闻而来，见所见而去！"这是典型的魏晋清谈式对答，但嵇康显然得罪了钟会，也为他的悲剧埋下了伏笔。

青白眼

阮籍善为青白眼，见礼俗之士则以白眼对之。丧母后，嵇康备酒挟琴去拜访，阮籍以青眼待之。可见青白眼是用来辨别同道与否的。清代黄景仁有诗云："十有九人堪白眼，百无一用是书生。"可谓激切之极。

人情贵郑重，形式不可少

所谓先王制礼，不过就人情自然之要求郑重之表示，再使他妥当优美而已。

仁心为礼之本源，从这句话看来礼似乎完全成了一个附属

品，随心而来，随心而去。其实，无质之文自然不可取，但是对于质本身来说，文又是不可少的。既然将文和质并提，就是说文已经有了独立的地位和价值，否则孔子提及文岂非多此一举？作为质之文的礼最显著的特点就是正式与庄重，让轻盈虚无的情感以最为得体的方式，实实在在地为人们所看见。

孔子曾说："兴于诗，立于礼，成于乐。"

"兴于诗"，诗歌是用来感发人的情感的，也就是发乎情，情动于中而行于外，但是不能否认很多人在此时容易忘乎所以，只图自己之快，不顾礼义廉耻。如南朝齐梁时几代帝王对宫体诗的倡导，就影响了当时和后世多少妖艳柔靡之风。"立于礼"，就是指人需要礼仪的指引向着文质彬彬的境界前行，乐而不淫，哀而不伤，最后在音乐的熏陶中达到至善至美，此方谓之成，谓之"成于乐"。礼在这里起着很关键的教化作用，要把诗歌所阐发的那种难以琢磨的感性意识纳入合仁的道路上，令情感的冲动不至于被外物诱导。

在园子里看见一朵花，不同的人有着不同的冲动和想法。冲动就是不管这朵花是否是别人的、是否可摘都强行地去摘下，只按此去做便成了狂狷之人；乡愿也许并不喜欢这朵花，但是他依然会殷勤地征询意见，回到家后把花扔在了一旁，却赢得知礼的美名；真正知礼的君子则是真心地喜欢那朵花，同时也会细心地和主人交涉，得到之后也会真心地爱护。所以梁先生说："若冲动经由此仁心而出，则自然优美也……礼乐乃是冲动得到优美化而已。"

所以礼并不是无用的装饰，所谓礼乐者，就是把艺术做成一个很大的力量而已。它从外面诱导我们和乐的心理，使我们常在一个和乐的心理中去生活，此其功用也。

西周时，祀神祭祖之前都要沐浴净身，表示内心洁净虔

> 礼的要义，礼的真义，就是在社会人生各种节日上要沉着、郑重、认真其事，而莫轻浮随便苟且出之。
>
> ——梁漱溟

诚，称之戒，亦称斋戒。斋戒之礼始于殷商，至西周已成定制，要求与祭者禁食荤腥，并沐浴净身，以示对神灵的肃敬。斋戒沐浴已是西周朝廷祭祀礼仪的重要组成部分，由专职官员执掌。《礼仪·王制》云："方伯为朝天子，皆又汤沐之邑于天子之县内。"诸侯要在专供沐浴的封邑先洗头洗澡，然后才能去朝见天子，沐浴洁身以示对天子的尊重。一生以克己复礼为己任的孔子，对沐浴之礼身体力行，"孔子沐浴而朝"，早已为世人所熟知。

可见，形式也会反过来作用于我们的心，礼义并不完全是被动的，它会随风潜入心，润物细无声。当人们一丝不苟地遵照这些制度去沐浴、焚香、斋戒的时候，心中自然会生出圣洁、崇敬的情感。所以梁漱溟先生说："他制礼，如像怎样一个起坐跪拜，怎样一个言动举止，比如一个人，他的情不十分真切，如经过这许多手续，许多仪式，则心里便非常之沉着，非常之厚重，非常之有味。儒家的种种礼，是使人自有生以来，一生都过那种非常绵密、非常有趣的生活。"

梁先生还以婚姻制度为例来说明礼的意义："自由恋爱与婚

姻制度的分别，仿佛是一个久暂的分别，其实走恋爱自由之路，也有发生长久关系的。而由婚姻制度缔结之婚姻，也有短时抛弃的。他们真正的分别是在结婚时究竟有没有一种仪式；而离婚时究竟有没有一种手续。是则婚姻之要点即在仪式与手续……婚姻制度之起源与要点，其所以不容消灭者，盖以礼也。"

情感本是虚幻空灵的东西，一笑一颦只是最简单的表达，是礼的一部分，但这些并不足以表达全部。生命是一件严肃的事情，一件事情的开始与结束，都是不可逆转的转折点，人的内心看重这些转折点，会产生敬畏之情，并且希望能够用恰当的方式表达出来才能心安，所以梁漱溟先生说："礼之起源就是好郑重，恶随便而已。"他进一步解释道："我们看人家结婚有结婚礼、拜天地、拜祖宗等。其实那个时候，哪里管天地神祇，因其出于真切情感之要求，也不暇去理会，只有一个郑重的表示就是了。所谓先王制礼，不过就人情自然之要求郑重之表示，再使他妥当优美而已。因此，我们不能说礼只是形式，是繁文缛节而为凭空添出者。"

宫体诗

南朝梁后期和陈代所流行的一种诗歌流派，以宫中妇女生活和体态为主要描写对象，情调流于轻艳，诗风比较柔靡缓弱。

周公吐哺

周公辅佐周成王，建设新的国家，日理万机，忙的事情都有什么？比如制定战俘处理政策，签署奴隶管理规定，讨伐周边不服气的小国，镇压反周复商势力，还得安置商朝贵族和遗老遗少。忙的时候，周公洗澡都有人打搅，古时候男人头发长，周公握着湿头发从浴室跑出来，接见完了，又回去接着洗，反复多次。至于吃饭也很麻烦，吃一口肉片，不等嚼完又得吐出来，因为客人来求见了，所以一饭三吐哺。所以曹操在《短歌行》里写道："周公吐哺，天下归心。"

第九章 孝悌之道，人人亲其亲

无声之乐，无体之礼

孝悌之根本还是这一个柔和的心理，亦即生命深处之优美文雅。

梁漱溟先生说："（孝悌）本来也与礼乐一样……礼乐的根本地方是无声之乐，无体之礼，即生命中之优美文雅。孝悌之根本还是这一个柔和的心理，亦即生命深处之优美文雅。"礼乐原本就是以人之心为源头的，孝悌亦然。

孔子曰："无声之乐，无体之礼，无服之丧，此之谓三无。"

子夏曰："三无既得略而闻之矣，敢问何诗近之？"

孔子曰："'夙夜基命宥密'，无声之乐也。'威仪逮逮，不可选也'，无体之礼也。'凡民有丧，匍匐救之'，无服之丧也。"

无论是乐，还是礼，都是用来教化百姓的，只是方式有所不同。音乐当然要用声音来表示，礼仪自然要触及身体，他人有难时应有服丧之举才是常理，但是孔子却说"三无"。子夏也和我们一样疑惑，于是又做了进一步的询问。孔子的回答其实是超越了具体的礼乐仪式，将问题引到了关于"礼乐之原"的思考，那就是这三者殊途同归，最后走向的都是心灵的触动。

孔子以《诗经》中的三句话对它们作了解答。

其一，"夙夜基命宥密"，出自《颂·周颂》。《礼记正义》说："夙，早也；夜，暮也；基，始也；命，信也；宥，宽也；密，静也。言文、武早暮始信顺天命，行宽弘仁静之化。"郑玄认为是"言君夙夜谋为政教以安民，则民乐之"。"密"字有静的意思，再加上清晨和黄昏的背景，自然就能引起无声的联想。如果百姓心中能想到国君在昼夜操劳，自然就心生敬意，不逾规矩。其二，"威仪逮逮，不可选也"，出自《邶风·柏舟》，选即遣，原诗说威仪并非通过升降揖让之礼等外在的东西来体现，所以说是"无体之礼"。其三，"凡民有丧，匍匐救之"，出自

《邶风·谷风》，"言凡人之家有死丧，邻里匍匐往救助之"，非必服也。所以用来说明"无服之丧"。

经过去粗取精、去伪存真，就知道这三者说的其实是一个道理：礼是从心里出来的，心到情到是最重要的。没有人对百姓说君主很操劳，但心中有数；没有人让你作揖鞠躬，但你自然会去做；邻家有难，虽然未必为之服丧，但就算是爬着也要去救。教化非生硬地指点他人，而是以化为教，是一种随风潜入夜、润物细无声的感染和熏陶。

梁漱溟先生说，在中国要紧的是家庭生活，而家庭是由天伦骨肉关系建立起来的，在家庭骨肉之间特别重情感，而人在感情盛的时候，常常是只看见对方而忘记了自己，所以他能够尊重对方，以对方为重，处处是一种让的精神。因此在所有的礼之中，必须牢记孝悌在其中是最为重要的，梁漱溟先生也因此用"无声之乐，无体之礼"来突出、强调。

古语有云"百善孝为先"，中国古代的帝王们多称"以孝治天下"。父母死后，子女按礼须持丧三年，其间不得行婚嫁之事，不预吉庆之典，任官者须离职，称"丁忧"。因特殊原因国家强招丁忧的人为官，叫作"夺情"，从名称即可看出，不守孝是何等不近人情。

三国时司马昭灭蜀，李密沦为亡国之臣。司马昭之子司马炎废魏元帝，采取怀柔政策，极力笼络蜀汉旧臣，征召李密为太子洗马。李密于是上了著名的《陈情表》，以孝为由，不得不让朝廷做出了妥协："伏唯圣朝以孝治天下，凡在故老，犹蒙矜育……臣无祖母，无以至今日；祖母无臣，无以终余年。母、孙二人，更相为命，是以区区不能废远……是臣尽节于陛

下之日长，报刘之日短也。乌鸟私情，愿乞终养……"如此这般情挚意切，足以堵住说他"不思新恩"的悠悠众口了。

"子欲养而亲不待"，这应该是人生最为痛彻的遗憾，只是很多人却并没有意识到这一点。

北魏时，房景伯担任清河郡太守。一天，有个老妇人到官府控告儿子不孝，回家后，房景伯跟母亲崔氏谈起这事，并说准备对那个不孝子治罪。崔氏是一个知书达理、颇有头脑的人，她得知情况后，说道："普通人家子弟没有受过教育，不知孝道，不必过分责怪他们。这事就交给我来处理好了。"

第二天，崔氏派人将老妇人和儿子接到家里，崔氏对不孝子一句责备的话也没说。崔氏每天与老妇人同床睡眠，一同进餐，让不孝子站在堂下，观看房景伯是怎样侍候两位老人的。不到十天，不孝子羞愧难当，承认自己错了，请求与母亲一起回家。崔氏后对房景伯说："这人虽然表面上感到羞愧，内心并没有真正悔改。姑且再让他住些日子。"又过了二十几天，不孝子为房景

伯的孝顺深深打动，真正有了悔改的诚意，不断向崔氏磕头，答应一定痛改前非，老妇人也替儿子说情，这时崔氏才同意他们母子回家。后来这个不孝子果然成了乡里远近闻名的孝子。

崔氏很聪明，她相信每个人心中都会有仁在，其中之一就是孝心。她无所为而为，以身教代替言传，让他心中蛰伏之仁能在外面的触动之下得以彰显。

老子说："大象无形，大音希声。"真正在宇宙之间往来流淌拨动人心的东西并非眼能见、耳能听，而是梁漱溟所谓的意味。只可意会不可言传，因为言传未必能收到预期的效果。

人间五不孝

孟子说，世间不孝有五：四体不勤，不养活父母，一不孝也；耽于下棋喝酒，不养活父母，二不孝也；贪婪财货，溺爱妻子，不养活父母，三不孝也；纵情于声色，使父母蒙羞，四不孝也；好勇斗狠，使父母的安全处于危险之中，五不孝也。

不孝有三，无后为大，舜不告而娶，为无后也，君子以为犹告也。——孟子

伦理本位，孝悌为先

我们不愿作好的生活则已，若要作好的生活，则当然从根本的地方作起，从眼前开端。故人的生活，即应从孝悌开端。

"国家兴亡，匹夫有责。"中国人喜欢将"家"和"国"并提。梁漱溟先生认为，"中国既没有团体，又没有个人，所有的是什么呢？仅有的就是家庭"。在梁先生看来，中国人缺乏集体生活而重家庭生活，依靠伦理组织社会，消除了个人与团体的对立，因此中国是伦理本位的社会。伦理就是从自己出发，"推己及人"，从自己推广到他人的一层层关系。第一层是自己，然后是父母子女，然后是兄弟姐妹，然后是宗族邻里，最远才是国家天下，由近及远，由亲及疏。《礼记》里的"修身齐家治国平天下"也是这个次序。

孔子说："诗，可以兴，可以观，可以群，可以怨。迩之事父，远之事君。"

事父与事君就是家与国的关系。在反省中国历史的时候，人们总是习惯于说中国是一个人治而非法治的社会，而这一人治正是通过伦理进行的，而伦理即是人情。梁漱溟先生说，伦理的意思就是指一个情谊义务的关系，就是要彼此互相尊重、相互照顾、相互负有义务。

这种伦理道德在行为规范上的表现就是"君君臣臣父父子子"

入则孝，出则悌。——孟子

的秩序，也就是"礼"。按梁漱溟先生的儒学理论，我们有好的心理，自然发出来好的生活。许多好的生活，亦即许多好的事情，我们最眼前的人，就是父母兄弟。如果对最眼前的人、最当下的事情不曾弄好，其他的事情也自难说了，"一屋不扫何以扫天下"？梁漱溟先生明确提到："我们不愿作好的生活则已，若要作好的生活，则当然从根本的地方作起，从眼前开端。故人的生活，即应从孝悌开端。"

孟子有言曰："于此有人焉，入则孝，出则悌。"也就是说，"入则事亲孝，出则敬长悌。"

悌是顺的意思。就是说只有懂得并且做到了孝顺，才能明白做人的道理。朱子的《弟子规》成为后世启蒙教育的重要读本，它的首段如是："弟子规，圣人训，首孝悌，次谨信，泛爱众，而亲仁，有余力，则学文。"将孝悌放在首位，践行好了孝悌之后，再讲究"信""爱""仁"，有了剩余的时间和精力再去"学文"。

梁漱溟先生说："孝悌也者，其为人之本与，这种生活，真是很柔和很好的心理，仿佛是先把自己化成一团和气，然后把家庭化成一团和气，以至把社会、国家、世界化成一团和气。""人伦之间，所谓父慈子孝，兄友弟恭者，其实都是一个心，都是那个tenderness（柔嫩和乐的心）。温厚之人会有和气温婉的气质，并有愉悦的神情荡漾开来。"以仁待人之人，如春风施雨，先融合至亲之人，也就是行孝悌，然后再一层层地推开去。

跟着梁漱溟学儒

伦理从孝悌这一点化出，织结成网，横向纳整个社会于内，纵观则贯穿人的一生。不管一个人能够走得多远，他所见的功业依然可以根据这条线索走回来。

同时，孔子还从逆流而上，从天下回溯到了孝悌这一最初的萌芽。他曾说："武王、周公，其达孝矣乎！夫孝者，善继人之志，善述人之事者也。"孔子认为武王、周公能够继承先人之志，继续他们未完成的事业，这正是孝的最高境界，治国平天下乃是修身齐家的发展和升华，而不是否定。

孔子在与曾子讨论孝悌的时候更是明确地把孝悌当作伦理的本位："夫孝，德之本也，教之所由生也。复坐，吾语汝。身体发肤，受之父母，不敢毁伤，孝至始也。立身行道，扬名于后世，以显父母，孝之终也。夫孝，始于事亲，中于事君，终于立身。"

孝道是人所有品德的根本，教育是由孝所产生的。一个人的身体，包括头发肌肤都是父母所给的，要十分珍惜，不能随意毁坏伤害，这是孝的最基本要求。一个人要有自己的事业和理想，做出成就，扬名于后世，光耀门楣，这是孝的最高境界。履行孝道开始于对父母的孝敬，然后为君王和国家做事情，最后要实现自己的人生目标，干出一番事业，所以称武王、周公的伟业为大孝。

古人留给我们一副绝妙的对联："口十心思，思父思母思社稷；寸身言谢，谢天谢地谢君恩。"人之情正是沿着这一顺序蔓延的，心中所思，必先父母而后天下。星星之火可以燎原，若无最初的那一点光亮，又哪有后来熊熊腾起染红天际的燎原之势呢？虽然伦理脉络广布，粗细各异，但始终以孝悌为本。

戏彩娱亲

老莱子是春秋时期的楚国隐士，为躲避世乱，自耕于蒙山南麓。他孝顺父母，尽拣美味供奉双亲，七十岁尚不言老，常穿着五色彩衣，手持拨浪鼓如小孩子般戏耍，以博父母开怀。一次为双亲送水，假装摔倒，躺在地上学小孩子哭，二老大笑。

啮指痛心

曾参少年时家贫，常入山打柴。一天，家里来了客人，母亲不知所措，就用牙咬自己的手指。曾参忽然觉得心疼，知道母亲在呼唤自己，便背着柴迅速返回家中，跪问缘故。母亲说："有客人忽然到来，我咬手指盼你回来。"

骨肉且相薄，他人安得忠

所谓生活的真味只道有真情。要是对于家庭的人没有真情，我们敢断言他对别人能有真情吗？

在面对外敌入侵、国将不国时，热血志士喊出的最响亮的口号就是"保家卫国"！从这四个字中亦能看出卫国是从保家而衍生出来的，如果连自己的家庭都不去顾及，怎能相信可以将国家托付于他呢？梁漱溟先生说："所谓生活的真味只道有真情。要是对于家庭的人没有真情，我们敢断言他对别人能有真情吗？"一个人从家庭走向天下，不论其功业何等之高，根基始终在于家庭。若一蹴而就，越过家而直上青云，就把自己立于了空中楼台之中，悬空无依，岂不危哉？

孟子说："老吾老以及人之老，幼吾幼以及人之幼。"杜甫说："落地皆兄弟，何必骨肉亲。"杜甫忧国忧民，这种视四海为一家的胸襟气度更是不凡。这已经可说是达到了极致。如果再往前走，将他人之亲置于自己之亲之上，就不仅与常理不符，难以为人理解，恐怕还过犹不及。

公元686年三月，武则天称帝在即。有一天，她端坐朝堂，猛然间想起指鹿为马的典故来；恰在这时，北门学士鱼保家出列献上一张图，图上画着开了四个口的一个匣子，名曰"铜匦"，也就是把告密信投入匣子中，至于谁告的密则无人知晓。武则天只看了一眼，就觉得这个主意不错，于是当即采纳了鱼保家的建议，在朝堂设置铜匦，号召文武百官互相告密，互相揭发。此风一开，人心惶惶，今天你告我，明天我告你，不知哪一刻就会大祸临头。第一位"受益者"竟是铜匦的设计者鱼保家。接着武则天又把这种恶劣的风气推行全国，号召全国民众都可以告密。规定"有告密者，臣下不得问，皆给驿马，供五品食，使诣行在。虽农夫樵人，皆得召见，禀于客馆……"武则天重用了酷吏来负

责这些事情，其中最为后世耳熟能详的是来俊臣和周兴。来俊臣编写的《告密罗织经》："教其徒网罗无辜，织成反状，构造布置，皆有支节。""一人被讼，百人满狱，使者推捕，冠盖如云。"人与人之间的信任降到了冰点，当时公卿入朝"必与其家诀曰：不知重相见不？"

武则天的意图无非就是希望手底下的人明白：他们唯一应该效忠的人是她！一时朝堂上下人心思危，即便亲如父子也相互忌惮。但是一个连自己的亲人都不顾的人，你能相信他能对国家忠心吗？陈子昂看到了这种政策的危害，他的《感遇》组诗中有很多就是向武则天直言进谏的，如其四："乐羊为魏将，食子殉军功。骨肉且相薄，他人安得忠？"

《战国策·魏策》记载：乐羊刚开始是魏相国翟璜的门客，中山国君姬窟发兵犯魏，翟璜举荐了乐羊。可是乐羊之子乐舒是中山王的将领，而且曾杀死了翟璜之子翟靖，所以他难以得到朝廷信任。但是翟璜深知乐羊为人，不计恩怨，力保乐羊为帅。乐羊出兵后，由于敌强我弱，施了缓兵之计。消息传来，朝中大哗，群

跟着梁漱溟学儒

臣诬告乐羊通敌。中山国君又杀了他的儿子，煮成肉羹送给他。乐羊为表忠心，就吃下了肉羹。随后大败中山国。魏王"赏其功而疑其心"。同在战国，还有一个人堪与乐羊比肩，那就是吴起。吴起的名气比乐羊要响亮得多，后世把他和孙子连称"孙吴"。他著有《吴子》，《吴子》与《孙子》又合称"孙吴兵法"。吴起一心想要功成名就，学习兵法侍奉鲁君。鲁君想要用他来抵挡齐国的进攻，但是因为他的妻子是齐国人而有所疑心，于是吴起杀妻求将。极有军事天才的吴起大退敌兵，但是并没有得到鲁君的信任，不久就被辞退了。

舍家为国，并非害家为国。孔夫子有言：人人亲其亲，长其长而天下太平。如此二人，骨肉且相薄，又怎能依靠他们去治理天下呢？一个连自己亲人都可以牺牲的人，有一天难保不会夺取他的江山。一个身负骂名却依然无动于衷举步不止之人，他们的动力只会是利益，这样的人才是最可怕的，这样的人欲望迷住了自己的心。

有人曾经问孔子为什么不从政，孔子回答说孝敬父母、友爱兄弟，用这种风气去影响当政者，这也是从政，并不是非要做官。而吴起等人却把家庭与天下割裂开来，并把家庭作为手段去谋天下，这样的人哪有孝悌可言？

虞舜尽孝

万章问孟子舜为何要去田野向老天哭诉。孟子说，舜努力耕作，只是想尽到作为人子的责任，但是父母却不爱他。即便他娶了尧帝的两个女儿，即便贵为天子，都不能使他解除忧虑，所以他依然忍不住痛哭。大孝之人一辈子都在思慕父母，这种孝心在舜身上可见。

要离刺庆忌

阖闾想要寻找勇士谋刺庆忌，伍子胥便推荐要离前去。要离故意在与阖闾间的斗剑中自残身体，投奔庆忌，不久，阖闾依计杀掉了要离的妻子儿女。庆忌探得此事后，说：「如果是苦肉计，天下哪有人会用自己的妻儿为代价的呢？」庆忌于是便对要离深信不疑。三月之后，庆忌出征吴国，要离与他同坐一船。庆忌得了胜利，就在太湖的船上庆功。要离乘庆忌畅饮之机用独臂刺杀了庆忌。但后人对要离的评价并不高。

舍本逐末说礼教

所谓儒家的生活，原本极活泼有趣味，但是经了几千年的结果，成了社会应用的问题，只剩一个僵死的形式。

梁漱溟先生对孔子倡导的礼是持赞成态度的，《诗经》有言："人而无仪，不死何为？"但是在五四期间，他也曾严厉地批评中国人："中国人始终记念着要复辟，要帝制，复辟帝制并非少数党人的意思，是大家心里所同。他实在于他向来所走的路之外，想不出别的路来。"孔子所言的"君君臣臣父父子子"是一种礼，而复辟帝制却成了礼教，其中差别何在？而且复辟帝制竟然是大家心里所赞同的，更觉礼教流毒之广。

> 须知孝悌是个人生活本体的问题，是生命里面灵活的、自然的一个心情，后来成为固定的路子，成为礼教，大家就忘其本原了。
> ——梁漱溟

其实礼教的产生是在儒学占了统治地位之后，始于董仲舒"罢黜百家，独尊儒术"，盛于宋明"存天理，灭人欲"。在这段时间中，其他学派不足以与之争鸣，儒学才能够教化天下，形成思想的大一统。却没想到后来发展到了极端，成为与初衷相悖的礼教。

儒学是生活之学，源于心，源于生活。礼虽然有一些外在的固定套数，但那是因为人的仁心不变，而仁心本身并不是一个僵化的东西。哲学上有句话道：世界上唯一不变的就是变。柔嫩者至刚，只因在面对外在变故的时候，它能够随之做出反应，说是以不变应万变，但这个不变却无时不在变。而礼教却是单一而僵化的。所以梁漱溟先生说："所谓儒家的生活，原本极活泼有趣味，但是经了几千年的结果，成了社会应用的问题，只剩一个僵死的形式。"礼教就是把原本应当活泼的礼给僵化了。

礼教的毒害在许多文学作品中屡见不鲜，《儒林外史》其实就是一部对礼教的控诉状。

王玉辉的三女儿死了丈夫，准备自尽殉节。她的公婆惊得泪如雨下，说道："我儿，你气疯了！自古蝼蚁尚且贪生，你怎么讲出这样的话来？你生是我家人，死是我家鬼。我做公婆的，怎能不养活你，要你父亲养活？快不要如此！"但是她的父亲王玉辉却道："亲家，我仔细想来，我这小女要殉节得真切，倒也由着她行罢。自古'心去意难留'。"因向女儿道："我儿，你既如此，这是青史上留名的事，我难道反拦阻你？"妻子骂他，他反道："这样的事你们是不晓得的。"女儿绝食的八日里，他依旧看书写字，等候消息。女儿死后，他大笑：死得好，死得好！几日后去西湖散心，"见船上一个妇人，他又想起女儿，心里哽咽，那热泪直滚出来"。

王玉辉是坏人吗？不是，虽然他的行为如此不近人情，他却认为自己做得对，正如之前所说的"意必固我"一样，深陷其中而不自知，而将他诱入泥潭的正是礼教。梁漱溟先生说："须知孝悌是个人生活本体的问题，是生命里面灵活的、自然的一个心情，后来成为固定的路子，成为礼教，大家就忘其本原了。"一个人的贞洁与否本就不关他人的事情，现在却非要做出一个形式来，以死来证明，不是荒谬得很吗？在礼教的熏陶下，儒家柔和的心在这里竟然变成了铁石心肠！

梁漱溟先生喜欢小孩子与乡下人的天真、诚笃的道理也在此，因为他们受礼教影响少，只懂得遵从自己的心："成年人与城市人都是用知识去指导他们的生活，而其结果则生活被其搅乱。故情感愈薄，行为愈坏。"这句话用在王玉辉这些知识分子身上再合适不过。他们没有从自己的心出发，而只是简单地遵从教条。礼是与心相合的，礼教却是与之相悖的。他们自觉自愿地跳入了礼教的束缚，还以此为名，去评点指导他人的生活。当然他还没有完全泯灭仁心，后来思及女儿还会落泪——人的心中必然有一块无法触及的柔嫩所在。

可见礼教一个致命的缺陷就是僵化。真理跨前一步就会变成荒谬，更何况那些教条很多就不尽合理。就算适用于一时一地，随着时代的发展也会失去其存在的意义。荀子说："天行有常。"这个"常"就是说世界按照自己的规律在发展，身处其中的人自然也不例外。仁心古今同，同体却可以异用。对帝王的尊重本身就包含了一个假设：那就是彼时有帝王。帝王的存在本身就是一个虚伪的高贵，试图让人们相信——这就是他们的命，他们天生便驾临在百姓之上。现在时过境迁，当人们醒悟到原来大家都一样，要求民主、要求平等的时候，再倡导复辟帝制，再要求男尊女卑，那就是完全用铁链去锁住人们的行为了。可悲的是，礼教统治时间之久，已足以令心中蒙尘，所以更多的人看不清自己。

梁漱溟先生说，生与活二字，意义相同。它有两层含义，一向上翻高，二往广阔里开展。与向上创造相反的就是呆板化机械化的倾向，礼教正是这样，当人们觉悟并渴求生命的升华时，它却板着不变的面孔想要把人们吓退。但是生命的倾向没有任何人能够挡住，更无法逆转，所以礼教只会一点一点为仁心所击破。

三纲五常

三纲即君为臣纲、父为子纲、夫为妻纲；五常是指仁、义、礼、智、信。

三从四德

三从是未嫁从父、既嫁从夫、夫死从子。四德是妇德、妇言、妇容、妇工（妇女的品德、辞令、仪态、女工）。

第十章

辩证的生命观：知天命并非听天命

命由谁定：是天是人

所谓天然、人为，都是一个倾向，一个意志。

曹禺先生在《雷雨》剧本前写道："宇宙正像一口残酷的井，落在里面，怎么呼号也难以逃脱这黑暗的坑。"这个恒久不变的关于命运的文学母题一次次地被演绎。哈姆雷特所喜欢的人间的花园转眼间就荒草芜杂；美狄亚偷取金羊毛追求自己的爱情，以亲情为代价守护爱情，结果爱情也离之而去；俄狄浦斯王想摆脱命运的捉弄，命运却在他逃亡的路上一次次地设下了陷阱，令他无处遁形。但是值得注意的是，俄狄浦斯一直在反抗，最后也是，刺瞎双眼，放逐自己……每个人都在努力，但是每个人又陷入自己所不熟悉的境地之中，他们的万般挣扎，只消命运轻扣指关，仿佛就化为了乌有。

在这些故事主人公的惶惑里，命运和个人的努力被分割开来，命运是既定的，如此神秘而高高在上地俯视众生，同时又在一旁悄然而立，想看人类的笑话。人真的只能是命运的小丑吗？梁漱溟否认了这种看法。他认为天然与人为并非截然对立："自然而已定的那一谓为之天命……所谓天然、人为，都是一个倾向，一个意志，心中仿佛能了解那个意味，但一按实就没有了。宇宙间一切现象通是意味，一按实就没成实的，就没有了。不按实而顺着倾向以为有一种溜回，则一切都有。所谓天然人为一切皆活。"

在梁漱溟先生看来，天命和人为其实是一致的，是一个倾向。人出生的背景环境等无法改变的是天命，但天命并不限于此，它是和人的心意相通的。无论是哈姆雷特、美狄亚还是俄狄浦斯，他们有意愿去行动，这种意愿就是人和天、人和自己命运的对话，就是命运指向的方向。鲁迅先生说，世界上本没有路，走的人多了，也便成了路。其实在抬脚之前，每个人的心中都有一条"路"，它存在于我们的意识之中。这就是很多人认为的"命运"，是既定的。实则不然，意识中的路也只是一个倾向、一个引导而已。没有一个人会再走别人留下的路，所以每个人的命运在没有完成之前都不是"按实"的。而意识中的这种倾向，对你人生的指引，必然来自各个方面。譬如你要规划自己的人生，必然要考虑自己的年龄、受教育水平、人际关系等，从中经过权衡产生一个合理的构想，跟着这种构想走才能称得上是命运。因此人类的生活并不是要寻求与天命的对抗，而是顺其自

跟着梁漱溟学儒

然。这种合理的构想也是心之指向，如此便又回到了儒家最初的思想之源：心安。如果要对天命做更为清晰的讲述，不妨称之为：心定。宇宙便是吾心，我心已定，命运便由自己来定，不再漂移不定。

孔子说自己50岁时懂得了什么是天命，他所追求的是"不怨天，不尤人，下学而上达，知我者其天乎"。他还说，"君子上达，小人下达"。所谓上达，其实就是在心里建立一个大道之约。庄子在《逍遥游》中提到了这一类人："举世而誉之而不加劝，举世而非之而不加沮，定乎内外之分，辩乎荣辱之境。"不会因旁人的鼓励而更努力，也不会因为他人的否定而自怨自艾，因为他知道自己要做什么，就只管去做了，所以心中主意已定，喜怒哀乐不由人。这种人就是梁漱溟先生所言的知天命之人。

但在生活中，失意沮丧之人总会想到自己的无力和渺小：为何耗尽心思依然得不到自己想要的结果呢？少年时再轻狂的人此时也会觉得自己身处一个巨大的阴影之中，难免会发出"时也？命也？"之叹。《三国演义》中周瑜在死前叹曰：既生瑜，何生亮！他谈笑间樯橹灰飞烟灭的潇洒之姿已化为一声无奈的叹息。当然这与正史不符，却也说明再得意之人亦会有失意之叹。

司马迁笔下也有不少怨天尤人者。他力图究天人之际，通古今之变，所以在对待历史人物时能尽可能客观地评价他们的功过是非。他虽然非常喜欢项羽，把他列入本纪之中，但是他并没有避讳写项羽的缺陷。

《项羽本纪》中写垓下之围，项羽与乌江亭长对话：

项王乃欲东渡乌江。乌江亭长舣船待，谓项王曰："江东虽小，地方千里，众数十万人，亦足王也。愿大王急渡。今独臣有船，汉军至，无以渡。"项王笑曰："天之亡我，我何渡为！"

项羽一直没有反省自己的过

失，认为成由自己败由天。天命如此虚无，谁能与之对质，因此成了最佳的替罪羊。司马迁写他之前的妇人之仁、居功自傲、多疑自大等，就已经为他的失败做了最好的注释。先欲东渡，继而自刎，心意转换全然在他自己，毕竟他的刀一直握在自己的手上。

唐代的杜牧有诗云："胜败兵家事不期，包羞忍耻是男儿。江东子弟多才俊，卷土重来未可知。"而宋代的李清照说："生当作人杰，死亦为鬼雄。至今思项羽，不肯过江东。"项羽的"不肯"原非本意——他本是"欲东渡乌江"，却在亭长的一席话间做出了另一个选择。奇怪的是亭长是支持他的行为的，他不是"举世誉之而不加劝"，而是反其道而行之。这应该属于心理学上的研究范畴。但可以肯定的是，项羽或许是人杰鬼雄，但绝对不是能够忍耻之人。他的失败正在于此，这是他的弱点。这个弱点又该归咎于谁呢？孔子都说自己从十多岁开始不懈地学习，经过几十年的学习才达到知天命，那么项羽呢？他并没有在征战之中勤勉地、有意识地完善自己，因此他的结局恐怕唯有他自己能够承担。

俄狄浦斯、美狄亚抑或是哈姆雷特，他们也许输了，输给了自己的初衷，但他们都是勇敢的人，他们都抓住了自己命运的弦，不曾松手。有人评论俄狄浦斯道：他在人类的历史上完成了一个祭祀仪式，一个从完全听天由命到努力争取把握命运的转折，而他自己就是祭祀品。因此宇宙这口井，我们不需要逃脱，因为挖井的是人类，决定是否要进去的也是人类自己，命运是由自己定的。

行动由我定，成败随机缘

所谓听天由命不是知天命，虽成功不成功在天，而为不为究属在我。

梁漱溟先生说："宇宙只有趋势，实没有法则，因每一个法则通是一个趋势。故宁说是宇宙大的流行之一趋势，从很远一直贯注下来，成功如此，无可转动，这就是所谓已定，但只有一点是未定，就是当下之一念。除此外，统是已定。"

人活在宇宙天地之间，也就是身处一个大的趋势之间，这个趋势可以是时代背景，也可以是人所受的教育，是身边的人际关系等我们无法冲破的条件。人往往难以超越他所处的时代，因为他的思想、学识都会带上时代的烙印。尽管难以超越，却依然有冲破的可能，因为每个时代都有先驱在开路。人与人之不同，多在于那当下一念之不同，这个"念"就是人的自主意识，是灵动的、具有可变性的，正是因为它的未定，才为人类的努力提供了可能性。王国维称《红楼梦》为悲剧中的悲剧："由于剧中之人物之位置及关系而不得不然者，非必有蛇蝎之性质与意外之变故也，但由普通之人物、普通之境遇逼之，不得不如是。不得不如是是已定，如黛玉丧母入住大观园，如晴雯之为丫鬟生病。她们的心可转换，是未定，因此黛玉对姐妹'可'不必如此多心；晴雯对小丫鬟打骂'可'不必如此厉害……否则她们的命运也许会好得多。"

有这么一个笑话：两个女士在宴会上争执上帝是否存在。一个女士拿起桌上的杯子说："我现在如果放开手，杯子就会落到地上被打碎，它的命运不是取

跟着梁漱溟学儒

决于我吗？怎么会是上帝呢？"另一个女士笑着答道："那也是上帝让你的手抽筋造成的。"

出于同理，有人会认为黛玉之多心、晴雯之声色俱厉都是天生的，她们也是身不由己，不能由自己来决定。如此一来，就陷入了不可知论。这就是梁漱溟先生所反对的机械的宇宙人生观，"完全承认被决定"，人成了任宇宙摆布的木偶，所有的一切都变成了"已定"，人生的意义又在何处？人和其他的动植物又有何分别？

梁先生说："所谓'道之将行也欤命也，道之将废也欤命也'，因必需要外面之条件故也。再扼要说，发动是未决定而发动之结果，则为被决定也。"

他承认外在的条件对人的限制有影响，但是更强调人依然有"发动"的能力："我们要发动才有被决定，若根本不为，则何有被决定可说，听天由命，是要我们尽力去为，而成功与否，则听诸天之谓。"

被决定，并不是消极地顺从，而是努力地抗争。所谓谋事在人，成事在天。只有努力地行动了，才有了参赛的资格，才有了被人评判的权利，这才是"被决定"。就如同竞争入学，如果你不去参加考试，学校何必要多费心思看你一眼？你便根本没有"被决定"的机会，连被淘汰的资格都没有。

梁漱溟先生还说："他把顺的机缘都算承受过，这才是真正尽了天命。"

所谓大的机缘、大的潮流，便是时代氛围，身处其中之人多少能够感受到。

中国古代有这样一个人，年轻的时候立志报国，所

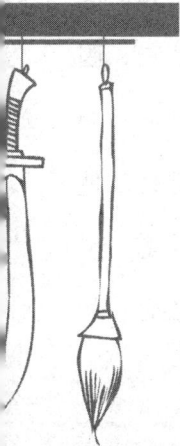

以勤读诗书，希望能考取功名。但是没有两年，边界兴兵，于是他毅然弃文从武，操练兵器。但等他学有所成不久之后，战争就平息了，他已错过科举。经过几年苦读之后，他如愿中举，但不久先皇驾崩，新君登位，又喜用武臣，不重文臣，于是他终此郁郁一生。

其中几次顺的机缘他都没有很好地去把握，所以一次次地错过了。他并非不努力，但是最终的成与败却不是他所能控制的，他尽力了。梁先生说："求学不求学，这不是天命，但成功不成功，则是一个被决定……知天命者，知只是一个通达，仿佛是通于天命，是与天命不二，与大的流行合一。"也就是能看到时代的趋势，并且迅速做出行动。明朝的"救时宰相"于谦在土木堡之变后，正是因为看清了当时朝堂内外对局势的态度和瓦剌对明朝的态度，才决定上书要求立新君，然后发动举国之力同仇敌忾保卫京城，打退瓦剌。他把握住了大的机缘，顺之而行，因此成功了，如果没有他，也许明朝要效仿北宋的退守江南了。

"听天由命，是要我们尽力去为。而成功与否，则听诸天之谓"，如果能把大的机缘都考虑到，岂不是可以在错综复杂的人事之中游刃有余了吗？然而总会有些机缘是难以预料的，纵然可以预料也不惜赴汤蹈火，因为还有更大的机缘——整个历史的发展趋势。有的人只活在片时之间，但有的人能看到整个历史，因为历史会还人公道，公道自在人心。于谦不是不知道旧君未死便立新君会给他带来多大的危险，但是为了国家，他别无选择。他所知的是大命，而不只是自己的生命。后来他果然以身殉道，但是了无遗憾，因为国家保住了，其余的一切他不再多费心思。如此知天命者，真大丈夫也！

土木堡之变

蒙古族瓦剌部落首领也先进攻大同，宦官王振挟持明英宗朱祁镇亲征。朱祁镇被俘，王振被护卫将军樊忠捶死。明五十万大军，「死伤过半」。这次大败成为明王朝由初期进入中期的转折点。也先大军逼近京城，于谦主战，保卫京城。

两袖清风

这个成语源自于谦。当时王振专权，在朝百官无不争相送礼，有人劝于谦也这么做，于谦就写了一首诗以明心志：「手帕蘑菇与线香，本资民用反为殃。清风两袖朝天去，免得闾阎话短长！」

不知天命者，寄身两端

所谓私意，人为侥幸成功，听天由命，通统不是顺天然也。

梁漱溟先生说，要了解知命，最好去看不知命。孔子说，知天命者，不怨天，不尤人。所谓"君子求诸己"，因为他们把

成功的希望寄托在自己身上，只会挑剔自己是否做到了最好，只求心中无愧而无法顾及其他。与此相对，梁漱溟先生也提出了两种不知命的人：

有一毫侥幸成功的心者——是一个偶然的宇宙观；

有一毫听天安命的心者——是一个必然的宇宙观。

梁先生把知天命者称为"无私"，同时把这两类人称为"私"："所谓私意，人为侥幸成功，听天由命，通统不是顺天然也。"

这两类人的自私在于自己不去尽心努力做想做的事情，却又希望能够从中获利。他们有一个共同的特点：不尽心而为。一个是没有看清楚状况，也认为自己无法看清整个趋势，不管自己所做的能不能成功都先做了，并且抱着侥幸的心理——也许自己的所为刚好是和趋势相符合，也许就因此而成功了。另一个则完全把自己交了出去，什么都不管不顾，在行动中已经没有了自我的意识，完全听之任之，以为这样迟早也能走向成功。

梁漱溟先生举例说，我想求学而自己等着，已明明不是听天命了。我感觉着要求学，便去用心求学，这才是听天命。

期待着侥幸成功之人，最耳熟能详的莫过于那个守株待兔的故事了，故事中的农夫常常为旁观者所嘲笑，但是如梁漱溟先生说，只有如颜回般心里常常不懈的人才能够知天命。就是说知天命并不是那么容易做到的，就连孔老夫子也是在五十余年方才领悟了天命，何况吾辈？生活中谁不曾有一丝一毫的松懈呢？智者如徐阶，在获得最终的胜利之前也做出过错误的判断：他没有看清嘉靖对严嵩的依赖，以为自己胜券在握，于是行动就有了疏漏。

明朝开国之初，朱元璋为了打击开国的功臣元勋，屡次大开杀戒。曾为他立下汗马功劳的刘伯温也在他的默许之下被胡唯庸借探病之由毒死。胡唯庸渐渐独揽大权，他并没有意识到自己的胜利只不过是因为朱元璋的支持。既无军功亦无政绩的胡唯庸在当上丞相后越来越专横，甚至有犯上之举，挑战朱元璋的权力，私自截留下属的奏章，官员升降、处决犯人，都不经过朱元璋的批准。奇怪的是朱元璋并无任何行动，胡唯庸自己也有些畏惧起来，于是决定拉德高望重的李善长下水，他所看重的是李善长手里的免死铁券。他以为有了这个，而且满朝文武都是他的人了，自己就可以高枕无忧，这种想法最终让他走上了不归路。因为他不知道朱元璋之所以纵容他，所在意的是他身后限制王权的相权，所谓"不为小利，必有大谋"。朱元璋并没有把胡唯庸看在眼里，只是把他当作一个道具而已，可惜胡唯庸并不清楚这一点，以为朱元璋并不敢动他。

洪武十二年（1379），占城国派使节来南京进贡。但是胡唯庸没有将此事奏报给朱元璋。朱元璋大怒，严词训斥了应对此事的胡唯庸和汪广洋。胡唯庸怀着侥幸的心理把责任推给了汪广洋，并没有意识到朱元璋这次准备行动了。处死汪广洋后，朱元璋一查到底，胡唯庸的亲信见形势不对，便把胡唯庸的阴谋上报。本来免死铁券也只能由皇帝说了算，而且胡唯庸以为法不责众，朱元璋必然不敢对这么多人下手，并没有及时收手，结果朱元璋对他毫不留情，将此案连续查了几年，牵涉之广，史上罕见，被杀者超过1万人。处死胡唯庸之后仅一个月，丞相这个延续了上千年的职位就被撤销了。

胡唯庸落得这样的结局，就在于他没有看清局势，不知道他的胜利和失败都取决于朱元璋。他也是努力地想要抓住自己的命

运，但是没有看到大的趋势，他所做的一切是逆行。孟子说"穷理尽性以至于命也"，而胡唯庸并没有能够洞察理和性。他对朱元璋有所忌惮，却为朱元璋的欲擒故纵之计而迷惑，一迷惑便认不清自己的位置，心有懈怠，便犯了《左传》中共叔段的错误。现实生活中，也有太多的人在这条完全听天由命的道路上葬送了自己而不自知。

在某个小村落，下了一场大雨，洪水淹没了全村，一位神父在教堂里祈祷，眼看洪水已经淹到他的膝盖了。一个救生员驾着舢板来到教堂，对神父说："神父，赶快上来！不然洪水会把你淹没的！"神父说："不，我深信上帝会救我的，你先去救别人好了。"

过了不久，洪水已经淹过神父的胸口了，神父只好勉强站在祭坛上。这时，又有一个警察开着快艇过来，他对神父说："神父，快上来！不然你真的会被洪水淹死的！"神父说："不！我要守着我的教堂，我相信上帝一定会来救我

的。你还是先去救别人好了！"

又过了一会儿，洪水已经把教堂整个淹没了。神父只好紧紧抓着教堂顶端的十字架。一架直升机缓缓飞过来，丢下绳梯之后，飞行员大叫："神父，快上来，这是最后的机会了，我们不想看到洪水把你淹死！"神父还是意志坚定地说："不，我要守着教堂！上帝会来救我的！你赶快去救别人吧，上帝会与我同在的！"

洪水滚滚而来，固执的神父终于被淹死了……神父上了天堂后，见到上帝，他很生气地质问："主啊，我终生奉献自己，战战兢兢地侍奉您，为什么您不肯救我？"上帝说："我怎么不肯救你！第一次，我派了舢板去找你，你不要，我以为你担心舢板危险；第二次，又派了一艘快艇去，你还是不上船；第三次，我以国宾的礼仪待你，再派一架直升机去救你，结果你还是不愿意接受。所以，我以为你是急着想要回到我身边来，可以好好陪我。"

梁漱溟先生说，普通所谓听天由命不是知天命，虽成不成功在天，而为不为究属在我。这个故事中的神父就是完全把自己的命运交给了"上帝"——一个外在的虚无，却不知道正是自己的选择才决定了他的最终归宿。

梁先生认为，这两种生命观——侥幸心理和完全听天由命——其实都是私意，都不是真正的知天命。但是平凡地辗转于世俗的我们又极容易陷入这两种态度之中。颜回曾对孔子赞叹道："仰之弥高，钻之弥坚，瞻之在前，忽焉在后。夫子循然善诱人，博我以文，约我以礼。欲罢不能，既竭吾才，如有所立，卓尔，虽欲从之，未由也已。"孔子以如此严谨的态度去对待生命，最终才能洞察宇宙之流行，常人自然更难以望其项背，如要做到知天命，自当再努力不懈怠才行。

郑伯克段于鄢

郑庄公的弟弟共叔段很受母亲武姜的宠爱。在武姜的请求下，郑庄公把京邑赐给共叔段。但是共叔段并不满足，一直扩充领地。一些臣子劝郑庄公不要总是满足共叔段的要求，郑庄公却只说：『多行不义必自毙。』而共叔段不思收敛，准备谋反，被郑庄公一举消灭。段没有看出庄公的意图是在等待时机，让他自己跳出来然后再加以捉拿，终于失败。

我心不懈，豁然见清明

转机的关键完全在当下。能够常常不懈，则可以为完全对矣。

梁漱溟先生说自己的长处可归结为两点：一点为好学深思，思想深刻；一点则为不肯苟同于人。他的好学深思也一直用在探索"天命"上，他说："求而做不到，这在我的确很苦，所以我求师求友之念极切，常想如何得遇哲人救我一下。"孔子自然是最好的，然而千载不遇。但他找到了孔子等圣人知天命之途：真正知天命必须如颜子不懈的功夫，以至于无一毫私意，无一毫间隔，仿佛顺着宇宙大的流行前进一样，这一条路就是非功利的态度。

孔子十五有志于学，五十方能知天命。其中的这段时间里，他所做的是不懈地努力，不懈地学习。"三人行，必有我师焉"，他从普通人的身上一点一滴地去找寻。孔子说："我非生而知之者，好古，敏以求之者也。""学如不及，犹恐失之。"其实谁又是天生就能通达天地之道的呢？孔子超出常人之处就在于勤勉求学获取知识，而且他学习起来就好像总怕赶不上似的，还怕丢掉了应该学习的东西。以这种"三月不识肉味"的精神去学习，日久月深，眼前豁然开朗，水到渠成。

人有未定之念，孔子就是通过学习以这一念来把握自己的命运，其中关键就是不懈。梁漱溟先生说："转机的关键完全在当下。能够常常不懈，则可以为完全对矣。"生活若能常常对，不就是抓住了自己命运的脉搏吗？

明朝权奸之一严嵩工于心计，善用权谋，又有皇帝庇护，成功地将当时的内阁首辅夏言打倒之后取而代之，然后权倾朝野，对所有弹劾他的

官僚都施以残酷的打击，轻者去之，重者致死。夏言对徐阶有知遇之恩，但是徐阶看到此时的严嵩深得皇帝宠爱，因此并没有贸然出头，而是韬光养晦，静观其变。他一方面吸取老师夏言在朝堂内离群索居、孤立无援的教训，结交朝中大臣，同时细心观察皇帝态度的变化。他在自己认为成熟的时机从严嵩之子严世蕃下手，却见皇帝对严嵩依然有眷留之意而不了了之，此后更加如履薄冰，与严嵩虚与委蛇，步步为营，最终还是取得了胜利。

面对跪在自己面前的严嵩，他想到了他的老师夏言：严嵩也曾经向夏言下跪求情，夏言宽恕了他，却被他置于死地。严嵩携家人对他下跪，这一幕仿佛也曾经出现过：明朝后七子之首王世贞得罪了严嵩，严嵩便令人找碴儿将他父亲逮捕入狱。王世贞亲自向严嵩赔罪，严嵩和颜悦色，转身便下命令要更严苛地拷打他的父亲。绝望中，王世贞携弟弟在百官上朝时，头磕至血流，乞求有人能帮他，但是没有人站出来。徐阶也没有站出来，因为他知道那是以卵击石。现在，时候到了，徐阶笑着扶起了严嵩，答应了他，然而同样毫不留情地抄了他的家。

几十年中，他一直没有放松自己的警惕，一直都在学习。朝堂大臣每一次和严嵩斗争失败，他都会在心里记下一笔账。他从老师夏言那里学到了为官之道，并且思而后用，从同仁的失败中一再汲取教训。最重要的是他一直在静观时局的变化，最终修成正果：不仅朝中各人的东西心中分明，也对皇帝和严嵩的心理及其关系有了清楚的把握。这么多年的努力，才换得了对政局的豁然开朗，此时的徐阶已无人可与之相匹敌。

梁漱溟先生说："发动是在我们自己，而其结果则为宇宙大的流行，顺逆的机缘所决定。"徐阶一直坚信宇宙间大的顺缘

跟着梁漱溟学儒

是邪不胜正，但他要以最小的代价来取得胜利，所以他在等待并创造着那份能对现世产生影响的机缘：让皇帝疏离严嵩，同时培养心腹。他看清了，也做到了。他算是王守仁的半个弟子，虽然没有正式受教，却确实从他门人那里懂得了"知行合一"，并且用于世、救于世。虽然他有过失误，没有完全认清局势，但他一直在探索中努力前进，努力做到滴水不漏。他指示门人弹劾严世蕃，却不了了之。之后他更加谨言慎行，连自己的儿子都以为他投靠严党。等一切水落石出，他终于可以长舒一口气：他仰不负于天，俯不怍于地，为家国除了一大害！

"书山有路勤为径，学海无涯苦作舟。"对于天命的认知同样也是如此，因为命运并不虚无，它在万事万物的变动中都有体现，只有一丝不苟、毫不松懈的人才不会遗落一点一滴，最终贯通机缘。

弦外听儒音

后七子

与以李梦阳、何景明为代表的前七子相对，后七子以王世贞为首，包括李攀龙、宗臣、梁有誉、谢榛、吴国伦、徐中行，前后七子主张一脉相承。王世贞倡导文学复古运动，认为『文必秦汉、诗必盛唐』，著有《艺苑卮言》等。

句句都读，便是呆子

郑板桥曾写过这样一首诗：『读书数万卷，胸中无适主，便如暴富儿，颇为用钱苦。』他还说：『五经，二十一史，藏十二郭，汉魏六朝，三唐两宋诗人，家家都学，便是蠢材。』

下篇

比肩而立，儒与众家何处异

横看成岭侧成峰，远近高低各不同。不管是儒家、道家、佛家或是墨家，都是在追求更好的人生，然而他们立足点不同、着眼点不同，给人们带来的启示自然也不同。在这些不同学派的碰撞之中，或许能够更好地看清儒学对我们生活的意义。

第十一章

儒道之别：大隐隐于市

眼冷心热多隐士，未能全然忘世间

儒家为学本于人心，趋向在此心之开朗以达于人生实践上至自主、自如。道家为学重在人身，趋向在此身之灵通而造乎其运用自如之境。

春秋战国时，各个诸侯国或争霸，或结盟，竞争激烈，逐鹿中原。影响不亚于此的还有思想学术上的百花齐放、百家争鸣。东汉的班固把当时的学派分为儒、道、阴阳、法、名、墨、纵横、杂、农、小说十家，并对其渊源和优缺点做了很清晰的辨别，成为后世评论各家短长的滥觞。后人又把学问分为显学和隐学：显学通常是指与现实联系密切，引起社会广泛关注的学问；相反，隐学则是离现实较远，不那么为世人所瞩目的学问。以此标准出发，儒家和道家便分别成了显学和隐学的代表。然而梁漱溟先生认为，儒家、道家与人类生命有所体认，同在自家生命上用功夫，但去向则各异。儒家为学本于人心，趋向在此心之开朗以达于人生实践上至自主、自如。道家为学重在人身，趋向在此身之灵通而造乎其运用自如之境。

儒道两家都是重视生命的意义的，他们都在洞察着自己和天下的命运。这从班固的《艺文志·诸子略》中也可看出端倪：

儒家这个流派，大概出自古代的司徒之官。他们帮助国君顺应自然，宣明教化，特别注重仁义。他们远宗尧舜的道统，近守周文王、武王的礼法，尊崇孔子为师表来加重他们言论的重要性，在各派当中最为崇高。孔子说："如果对别人有所称赞，就一定先对他有所试验。"唐尧虞舜的兴隆，商朝周朝的盛世，孔子的德业，是已经经过试验而有成效的。但是迷惑的人不懂得儒家经典中精深微妙的道理，而邪僻的人又追随时俗，任意曲解附会经书的道理，违背了圣道的根本，只知道以喧哗的言论来博取尊宠。后来的学者依循着去做，所以五经的道理就乖谬分离，儒学就此逐渐衰微。这正是那些邪僻的儒者所留下来的祸患。

道家这个流派，大概出于古代的

史官。他们记载各国的成功失败、生存灭亡等缘由和道理。然后秉持要点、把握根本，守着清静无为、谦虚柔弱的态度，这就是国君治理国家的方法。这想法和尧的谦让是一致的。但是，等到狂放无守的人来实行道家学术，那么就断绝了礼仪，抛弃了仁义，认为只要用清静无为，就可以治理好国家。

从这里可以看出，儒道两家都是从治国的高度来阐释学问的。原本的主张都于国有益，只是发展到后来产生了弊端，过犹不及。按照梁漱溟先生的观点，儒家积极入世，以一己之身担天下之责早已人所共知，而道家真的就远离人世、飘然隐去了吗？道家鼻祖老子本身就出于史官，对天下的局势了然于心，亦有济世之心，却分明感到无力去挽狂澜，只得在极度失望之下骑青牛出关。孔子说："道不行，乘桴浮于海。"这只是他一时的牢骚而已，他的一生都在"知其不可为而为之"，真正"乘桴浮于海"的是老子。梁漱溟先生说，孔子关心当世政教，汲汲遑遑若不容己；而老子反之，隐遁幽栖，竟莫知其所终。

清朝学者胡文英说庄子是"眼冷心热"，用这个词来评价道家真是精确。他们冷眼看世界，仿佛真的不问世事，然而心中依然无法真正放下。归隐田园的陶渊明，千百年来一直作为出世文人的精神偶像，而他的实际经历是仕而隐、隐而仕，最终决定"不为五斗米折腰"，但是他的心中又哪里忘却了世间呢？否则又怎会在归隐九年后写下"日月掷人去，有志不获骋"这样的诗句？他的心中依然有着自己的志向，只是因生不逢时而难以施展。

道家的转身入扁舟，在梁漱溟先生看来就是重于身，而非心。梁漱溟先生说，《老子》五千言，而身之一字频频见之，多至二十三见。道家做出了离开尘世的姿态，却依然没有能够得以超脱。道家的隐，更多的是对世间的抗争，以一种决裂的姿态，而不是抛下人世。

弦外儒音

胡文英

清朝朴学学者，著有《庄子独见》等。朴学是明末清初在与宋明理学的对立和斗争中发展起来的重考证的学问，以汉儒经说为宗，从语言文字训诂入手，也称为「考据学」。

刑天

中国古代神话传说中的人物。据《山海经·海外西经》记载：「刑天与天帝争神，帝断其首，葬之常羊之山。乃以乳为目，以脐为口，操干戚以舞。」因此，刑天常被后人称颂为不屈的英雄。陶渊明在《读山海经》这首诗中写道：「刑天舞干戚，猛志固常在。」即借此寓抱负。

潜心药理学，谁见得升仙

儒家盖不妨谓曰心学，道家盖不妨谓曰身学；前者侧重人的社会生命，后者之所重则在人的个体生命。

班固说道家出于古代的史官，梁漱溟先生对此并无异议，但是他提出了另一个见解：道家者起自摄生养生之学也。他说："儒家盖不妨谓曰心学，道家盖不妨谓曰身学；前者侧重人的社会生命，后者之所重则在人的个体生命。"

道家的独善其身不仅表现在远离自己无力回天的政治纷争，还在对生命个体的研究。"中医的理论及其治疗方法、一切措施，无不本于道家对于生命生活的体认。"儒道两家都贵生重死，但是两者的追求有所不同。梁先生说：儒家道家皆源自古，而儒家代表其正面，道家代表其负面。言其（道家）思想路数特殊的由来，即在早有悟于宇宙变化而于自家生命深有体认。

　　梁漱溟先生所说的"我生有涯愿无尽，心期天海力移山"，不仅是他自己的人生态度与追求，也是儒家对生命领悟的代表：以有限之生命力求造福于苍生。他们体认到生命的短暂，所以抓紧时间，努力增加生命的密度，去寻求精神的永恒。但是道家不同，他们钻研的药理学所指向的目标，不只是人的肉体在有限的生命里能少受些病痛，而且更进一步，希望能够羽化而登仙，齐彭祖之寿。

　　范缜在《神灭论》中写道："神即形也，形即神也。是以形存则神存，形谢则神灭也。"但是中国历代帝王依然对不灭之形神、对"万寿无疆"有着无比的热衷，道家的出现恰好符合了他们的需求，于是对之大力弘扬。这类追求长生不死的仙术，应该归于道教而非道家，不过梁漱溟先生对此并没有细分。

　　从中国第一位皇帝秦始皇开始，炼丹香炉就成为宫廷里并不可少的设备。此后的帝王们即便没有他一统六国的伟业，却也继承了他长生不死的遗志，乐此不疲。其中最为著名的莫过于20年不理朝政、潜心修炼丹药的明世宗嘉靖皇帝了。

　　但是极具讽刺意味的是，这位皇帝不仅没有因炼丹药而长

生，反而差点命丧于此，这就是历史上著名的宫女起义——"壬寅宫变"。

当时皇帝迷信，认为未经历人事的处女之血可保人长生不老，因此大量征召十三四岁的宫女。为保持宫女的洁净，宫女们不得进食，而只能吃桑叶、饮露水。所以，被征召的宫女都不胜苦痛。嘉靖二十一年（1533）十月二十一日凌晨，以杨金英为首的十几个宫女决定趁嘉靖皇帝朱厚熜熟睡时把他勒死。谁知在慌乱之下，宫女们将麻绳打成死结，结果只令嘉靖帝吓昏，而没有毙命。一个胆小的宫女报告给周皇后，皇后及时赶来，嘉靖的命才算是保住了，否则他当真是要"成仙"了——但这种方式恐怕不是他所向往的。自宫女谋杀未遂后，年仅三十岁的嘉靖不仅不思反省，反而完全退出了朝廷和紫禁城的正常生活，住进皇城西苑的永寿宫，基本上与官僚们相隔绝，着迷于通过药物、宗教仪式和秘教的养生之道追求长生不死。如果说壬寅宫变伤及的只是他一人之性命，那么他二十多年不理朝政所殃及的便是整个明朝百姓。虽然他并不是完全放手政治，而是通过核心小集团进行统治，形成一个朝廷中之朝廷，但如此非常规的做法还是给国家的正常运行带来了极大的不便利。

世事纷扰如云烟，历史上多少英雄才俊叱咤风云也终将成为过去，但是他们依然在历史上留下了自己的名字，后人凭吊的正是他们在属于自己的年代刻下的精彩。"万里长城今犹在，不见当年秦始皇。"秦始皇、武则天、嘉靖等，这些对仙境孜孜以求、不胜向往的人现在身在何方？唯有功业还能真正地让后人铭记他们，舍功业而求升仙，不仅身死魂灭，而且原在有生之涯可得的生命光辉也一并没入了尘土，岂非得不偿失？留下的不过是五陵野草吹秋风而已。

不过，梁漱溟先生对道家在医学上的贡献也做出了极大的肯定：事实胜于雄辩，每遇西医断为不治之症或治而不效者，中医却

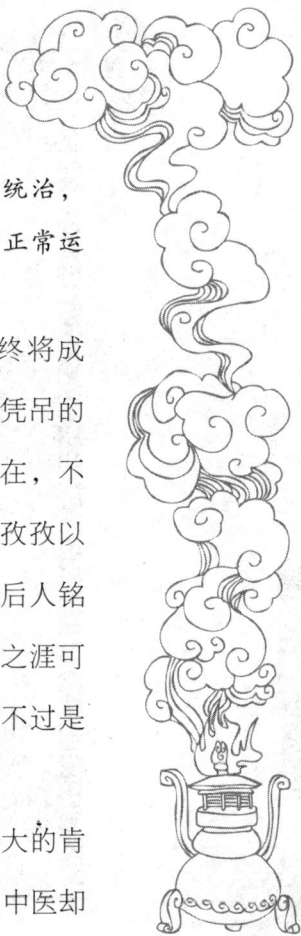

能将之医好，效果惊人。虽其学说难免"不科学"之讥，事实上却不能不引起重视。气功疗法原出于道家，中医针灸疗法所依据之根本学理全在道家学术中……这些医药之学能够帮助世人过上更好的生活。但是要通过这些来寻求"至人无己、神人无功、圣人无名"的境界，不亦远乎！一者立足世间，一者眼看天外。毕竟古往今来，逍遥如庄子者也难以羽化而登仙。而对仙境的畅想，其妙处更多的是在于为人类提供了另一条玄妙的思路，开启后人对虚无缥缈的仙界奇幻而美妙的想象吧。

外儒听音

彭祖

原系先秦传说中的仙人，以长寿见称，相传他活了八百多年。后道教奉为仙真，自然会受智者批驳。王羲之在《兰亭集序》里就写道："固知一死生为虚诞，齐彭殇为妄作。"

范缜

中国南朝齐梁时思想家，无神论者。范缜反对佛教因果报应说，认为人生好比一棵树上的花朵，有的花瓣被吹到厅堂，也有些花瓣飘落进粪坑中，这完全是自然现象，没有所谓的因果。范缜主张形神相即，不得分离，精神离开形体，是不能单独存在的。代表作品有《神灭论》。

跟着梁漱溟学儒

功在天下，行藏由我

人类有个体生命和社会生命之两面，而社会一面实为侧重。"达则兼济天下，穷则独善其身。"这句话一直被儒士们奉为人生的信条，却也往往容易被人误解，以为"济天下"与"善其身"必是择一取之，而没有看到"兼"与"独"之别。梁漱溟先生说："人类有个体生命和社会生命之两面，而社会一面实为侧重。"个体生命寄于此身，而与之相对的"心"则是其社会生命的基础。儒家所侧重的正是人的社会生命，也就是个人和他人、与整个社会的关系。完善自己的社会生命并不意味着对个体生命的抛弃，而是二者并行。是仕途通达还是命运乖蹇，都无法全然由自己控制，然而选择为天下还是为自己却是不同人信念的分水岭，信念本与身之所处无碍，这也就意味着无论是达还是隐，只要心中有信念，就能够做到"济天下"与"善其身"之心同存，这就是孟子所谓的"富贵不能淫，贫贱不能移，威武不能屈"。

梁漱溟先生说："儒家为学本于人心，趋向在此心之开朗以达于人生实践上之自主、自如。"

这种能以达观的态度面对自己的人往往"也宜墙角也宜盆"，"居庙堂之高则忧其民，处江湖之远则忧其君"。忧并不是忧虑和无法可想，而是时时心有挂念。"位卑未敢忘忧国"，

无论身在何方，都是心忧天下，也就是梁漱溟先生所说的"吾曹不出如苍生何"的勇气与责任心。功在天下是心之所系，行藏由我则是身之所处。无论何处，他所看的不是自己脚下站的位置，而是整个人生，所以不会为当下的处境之穷困所牵绊。

蒲松龄有对联自勉："有志者，事竟成，破釜沉舟，百二秦关终属楚；苦心人，天不负，卧薪尝胆，三千越甲可吞吴！"勾践身为败国之君，成夫差之奴，所谓士可杀不可辱，他却把所有的尊严掩藏在了低声下气的卑贱之中。范蠡看到了他的志向，懂得了他的志向，于是出而助其复国。几年之后，越灭吴。分赏之际，范蠡飘然隐退。他的进退有度，成为后世多少知识分子的典范。李商隐有诗云，"永忆江湖归白发，欲回天地入扁舟"；温庭筠更有名句，"谁解乘舟寻范蠡，五湖烟水独忘机"。范蠡已经成为文人的诗意典范。能以一己之力去挽回天地，此生不虚。若国家需要，定然会像谢安那样东山再起。

李泌一生中多次因各种原因离开朝廷这个权力中心。唐玄宗天宝年间，当时隐居嵩山的李泌上书玄宗，议论时政，颇受重视，遭到杨国忠的嫉恨，毁谤李泌以《感遇诗》讽喻朝政，李泌因此被送往蕲春郡安置，索性"潜遁名山，以习隐自适"。自从肃宗灵武即位时起，李泌就一直在肃宗身边，为平叛出谋

划策，虽未身担要职，却"权逾宰相"，招来了权臣崔圆、李辅国的猜忌。收复京师后，为了躲避随时都可能发生的灾祸，也由于叛乱消弭、大局已定，李泌便功成身退，进衡山修道。代宗刚一即位，又强行将李泌召至京师，任命他为翰林学士，使其破戒入俗，李泌顺其自然。当时的权相元载将李泌视作朝中潜在的威胁，寻找名目再次将李泌逐出。后来，元载被诛，李泌又被召回，却再一次受到重臣常衮的排斥，再次离京。建中年间，泾原兵变，身处危难的德宗又把李泌召至京师。

李泌屡蹶屡起、屹立不倒的原因，在于其恰当的处世方法和豁达的心态，其行入世，其心出世，所以社稷有难时，义不容辞，视为理所当然；国难平定后，全身而退，没有丝毫留恋。李泌已达到了顺应外物、无我无己的境界，又如儒家中所说，"用之则行，舍之则藏"，"行"则建功立业，"藏"则修身养性，出世入世都充实而平静。他的一阕《长歌行》正是其自我写照："天覆吾，地载吾，天地生吾有意无。不然绝粒升天衢，不然鸣珂游帝都。焉能不贵复不去，空作昂藏一丈夫。一丈夫兮一丈夫，千生气志是良图。请君看取百年事，业就扁舟泛五湖。"李泌真正地做到了梁漱溟先生所言的"人生实践上之自主、自如"，因无论在何处，他都能做到用之则行、舍之则藏；既未有辱身之洁，又建功业于天下。

《三国演义》中，曹操煮酒论英雄时说：龙能大能小，能升能隐；大则兴云吐雾，小则隐介藏形；升则飞腾于宇宙之间，隐则潜伏于波涛之内。这种在天地之间游刃有余的龙，说的正是天下的英雄，正是有兴云布雨之志者之谓，能够在人世间伸缩自如、宠辱不惊。出世入世的不过是一介皮囊、一个姿态而已，行随心往才是至人之境界。

东山再起

谢安字安石，号东山，东晋政治家、军事家。长期隐居在东山，后来他重新出来做官，人们就称之为「东山再起」。

《聊斋志异》

清代蒲松龄所写的短篇小说集，通过幻想的形式谈狐说鬼，实则影射现实社会。郭沫若评价说：「写鬼写妖高人一等，刺贪刺虐入木三分。」老舍评价说：「鬼狐有性格，笑骂成文章。」

心为形役，士人徘徊两路间

此学（道家）介于世间法、出世间法之间。因其对于人世间显示消极，近乎出世矣，而仍处在生灭迁流中，终未超出来，属于佛家所谓有为法。

梁先生说，儒道两家分别是中国人精神气质的正负面，简单地说来，就是儒家积极入世、道家隐遁避世。自古以来的中国知识分子一直在这两条道路之间徘徊。"此学（道家）介于世间法、出世间法之间。因其对于人世间显示消极，近乎出世矣，而仍处在生灭迁流中，终未超出来，属于佛家所谓有为法。"世间法说的是儒家，关心世俗风尘中人们的劳碌；出

世法说的是佛家，摒弃今生，不食人间烟火。道家的目标虽是"完全无侍"的境界，清心寡欲，与自然同化，与佛家相近，却依然有心留恋于世俗，也就是纵然身已处江湖之远，依然系心于人世；它寻求长生，依然是凡俗之人对生命的留恋和渴求，不像佛家把一切都抛诸脑后，皆归于空，因此梁先生说道家"终未超出来"。

梁漱溟先生认为，真正超脱的人，能够洞察宇宙流行的大趋势，也就是既能知己——明白自己，也能够知彼——站在更为高远的角度看待当下的自己和别人，从而决定该去往何方。但是这种境界只有功夫到家者方能通透，本就不是人力可强求。在现实生活中，大多数知识分子却并不能做到，所以他们无法超脱出来，一直在隐和仕之间犹疑徘徊。

初唐时和王维齐名的孟浩然因其终身未仕而为后人所敬仰。李白有诗云："吾爱孟夫子，风流天下闻。红颜弃轩冕，白首卧松云。醉月频中圣，迷花不事君。高山安可仰，徒此揖清芬。"然而孟浩然不仕并不是不想，而是不能。早年的他也胸有大志，呈诗给当时的丞相希望能得到赏识："欲济无舟楫，端居耻圣明。坐观垂钓者，徒有羡鱼情。"对于朝堂他是心向往之的，可惜不久之后丞相就免职被贬，他的事情也就不了了之。另有一次更好的机缘，却被他错过了，而且使他再难入仕。事情是这样的，孟浩然到长安考进士不第后，应王维的邀请到王的内署做客，两人正聊得高兴的时候，突然听说唐玄宗来了，王维慌忙叫孟浩然躲进床底下。唐玄宗发现屋里的情况不太对劲，王维只好告诉了唐玄宗。唐玄宗说："我听说过此人的诗名而没有见过面，为什么要躲起来呢？"说完叫孟浩然出来。孟拜见了皇上，当场朗诵了自己的一些诗作，诵到《岁暮归南山》中的"不才明主弃"一句时，被唐玄宗打断了："我对人才还是比较重视的，只是你自己

不求长进嘛，怎么会写出这样的作品来？"一如后来的宋仁宗对柳三变的考卷大笔一挥："且去浅斟低唱。"不同的是柳永后来辗转做了些小官，孟浩然却是被打发回了南山，终生未能入仕。

在历史上，还有些头脑灵活的知识分子灵机一动，借隐士之高风玩起了"欲擒故纵"的政治游戏。

唐代的时候，有位叫司马承祯的人，在都城长安南边的终南山里一住就是几十年。他替自己起了个别号叫白云，表示自己要像白云一样的高尚和纯洁。唐玄宗知道了，要请他出来做官，都被他谢绝了。于是，唐玄宗替他盖了一座讲究的房子，叫他住在里面抄写校正《老子》这本书。后来他完成了这项任务，到长安会见唐玄宗。见过玄宗，他正打算仍然回终南山去，偏巧碰见了也曾在终南山隐居、后来做了官的卢藏用。卢藏用抬起手来指着南面的终南山，并开玩笑地对他说："这里面确实有无穷的乐趣呀！"

原来卢藏用早年求官不成，便故意跑到终南山去隐居。隐士原本不是应当远离官场市井吗？而终南山靠近国都长安，在那里隐居，既标榜了自己的高尚节操，又容易让朝廷知道并礼贤下士，被邀请去做官的概率挺高。卢藏用果然以此达到目的。司马承祯看不惯他的做法，便应声说："不错，照我看来，那里确实是做官的'捷径'啊！"

此后，"终南捷径"就成了对这种知识分子的讽刺：明明有功利心在，却先把自己装扮得目下无尘。南朝骈文家孔稚珪有一篇著名的《北山移文》就对这类假隐士做了辛辣的讽刺：这类矫取功名者将玷污一方山水，为世人不耻。"欲洁何曾洁，云空未必空"用来说道家倒也不差，而卢藏用之徒，哪里有"洁"与"空"之志呢？别人欲盖弥彰，他却是欲彰而弥盖。

牟宗三说，道家一眼看到把我们的生命落在虚伪造作上是

个最大的不自在，人天天疲于奔命，疲于虚伪形式的空架子中，非常痛苦。一个人能够像道家所说的，一切言论行动好像行云流水那么样的自由自在，这需要很大的功夫，这是很高的境界。虚伪造作本身就是件累人的事，谁都想要摆脱，但是又有几人能够真的做到？陶渊明在《归去来兮辞》里说，"自以心为形役"。道家身在江湖，正是想通过"身"的释放带动灵魂的自由。然而仕人的寒窗苦读，梦想的是金榜题名、兼济天下，若不是穷途末路，怎会归隐？纵归隐也在寻觅时机再出山。道家的"行云流水"之境只怕古往今来的仕人得之寥寥。

185

弦外之音 儒

牟宗三

中国现代学者、哲学家、哲学史家，现代新儒家的重要代表人物之一，被称为当代新儒学的集大成者。主要著作有《逻辑曲范》《理性的理想主义》等28部；另有《康德的道德哲学》等3部译作。

人生三恨

张爱玲所言：一恨海棠无香，二恨鲥鱼多刺，三恨红楼梦未完。鲥鱼纵然鲜嫩美味，却无奈多刺而无法尽兴品尝，此二恨也。张爱玲用其后半生去陪伴《红楼梦》，非常珍爱。而可叹《红楼梦》只是一篇残稿，雪芹惨淡经营，无奈八十回后已"迷失无稿"。更怒者高鹗之流又在其后加了"附骨之蛆"。

海棠花虽然娇艳美丽，却没有迷人的芳香，此其一恨。

利义不相斥，君子并容之

功利与非功利之区别，不是内容的不同，完全是一个态度的不同。

"功利"总易于被人理解为"追名逐利"，其实不然。这个词所包含的更多的是一种实在可得的利益。而利和义总是被并提，如"见利忘义"。和利相比，义应该是更为高尚的精神追求。儒家正是这样，所以梁漱溟先生认为它是非功利的。《论语》里有两句话明确地说明了孔子的态度：

第一句是"君子喻于义，小人喻于利"。与君子谈事情，他们只问道德上该不该做；跟小人谈事情，他们只是想到有没

有利可图。

第二句是"放于利而行，多怨"。一个人总是以个人利益为目的而行事的话，难免招致他人的怨恨。

从字面上来看，利和义是截然对立、泾渭分明的，就如君子和小人之别一样。真是如此吗？简单地说，重在利的可称为功利派，重在义的可称为非功利派，但是不能轻易地从他们的行为上做出判断。其实非功利派是"见利思义"者，就是比功利派多了一个"义"。他们的行为能够产生现实的功用，但是要看是不是合乎义，可见非功利派是一个更高的标准，也就是把行为引向好的方向。

梁漱溟先生说："功利与非功利之区别，不是内容的不同，完全是一个态度的不同。故富国强兵的论调本是功利派的说话，可是孔子也不一定就不讲，他曾说足食足兵一类的话，因此可见这完全是态度上的区别，与事实并不相干。"若只从内容上看，孟子像一个政论家一样，为君王出谋划策、保境安民，不是更为功利吗？但是这种功利利国利民，有何不可？因此，孟子是属于非功利派的。

事实上，同样的事情，功利派和非功利派都可以去做，甚至连结果也可能一样。他们的区别仅仅在于心态的不同，心中的目标不同。梁漱溟先生说，世间所有一切的问题，仿佛只有两个，一是是非问题，一是利害问题。功利派就是拿利害去解释一切。"是非"是一个趣味的取舍，利害则不然。梁先生所说的"义"是一个广泛的与"利"相对的意思。

举个例子，有个女孩子站在街头卖花。如果她是功利派的，就只会在心中想着：这些花快点卖出去才好，待会儿干了就不新鲜了……成本是多少，卖多少钱才合适……她会紧紧地盯着过往

的行人，看谁是她潜在的顾客。看着花渐渐枯萎，心中越来越焦急，因为这是一种损失。如果是非功利派，行为上看起来很相似，但她不会那么焦虑。她会觉得卖花是一件有意思的事情，虽然也要靠卖花来养活自己，但是手里拿着花本身就是很美的事情，如果花枯萎了，也会受到触动，但那是一种美学上的感伤。或许对她来说，和陌生人打交道，每次都是一段奇妙的经历。

可见非功利派并不是不食人间烟火的，女孩懂得现实在何处——花是用来卖钱的，不是只用于自己欣赏，所以她依然站在路边耐心地等待着顾客。只不过她的心里比旁人多了另一个意思，那就是趣味。梁漱溟先生说："他（孔子）在生活中并没有是非的意思，只是一个趣味的问题，无所谓讲是非善恶，因为正在直觉中，完全是一个意味，并无种种说法，如是非利害等问题。"趣味是一种意味，它涵盖的内容要比是非广泛得多，它是从直觉中出来的，所以说非功利派心中其实连是非都没有，只凭着直觉去行事。

有些人看到那个女孩子在数钱，就会觉得功利、有铜臭气，却不问她内心是什么想法。前面的卢藏用，隐居终南山，看似不问世事、淡泊名利，其实心中一本账册计算得分厘不差。因此梁先生说，事实上不管他像功利派的也好，非功利派的也好，只要他态度是一个非功利的态度就对了。反过来说，若他是个功利派的态度，不管事实像不像非功利派，他仍是一个功利派。因为旁人按自己看到的只能去推断"像不像"，很难知道实际中"是不是"，如果不是卢藏用自己成功地走完了"终南捷径"，不知情

者恐怕依然会称赞其浊世独立呢。

因此君子只做自己应该做的事情，他重在生活本身的趣味，利只是旁人看到的副产品。他不会因为旁人说这是功利的事情而放弃。"君子喻于义"，"义"者，"宜"也，也就是"应该"之意。

两师兄弟走在一条泥泞的道路上。当他们走到一处浅滩时，看见一位美丽的少女在那里踟蹰不前。由于她穿着丝绸的罗裙，无法跨步走过浅滩。

"来，小姑娘，我背你过去。"师兄背着少女过了浅滩，然后放下，与师弟继续前行。师弟心内不悦，但是默不作声。回到住处后，师弟终于忍不住问道："男女授受不亲，你为什么要背那个女子呢？"

师兄一愣，继而笑答："你说的是今天那个女子吗？我早已把她放下了，怎么还在你心上？"

师弟就是只看到了现实的"利"，因此对师兄的行为存有芥蒂。而师兄则只去做自己当做之事，因此内心坦荡荡。此二人，一者功利派，一者非功利派，截然分明。

世界上，有人因德高而望重，有人却沽名钓誉。盛名之下，其实存有多少的真实？对于这种问题，非功利派之人总是一笑了之，不患人之不己知，患不知人也。当行则行，其余的东西与他何干？

一毛不拔

源于墨子学生禽滑厘和杨朱的对话。禽滑厘问道："如果拔你身上一根汗毛，能使天下人得到好处，你干不干？"

"天下人的问题，绝不是拔一根汗毛所能解决得了的！"

禽滑厘又问："假使能的话，你愿意吗？"

杨朱默不作声。

杨朱贵生、重己，但是并不是自私自利，因为他知道「拔一毛利天下」是一个伪命题，也就是不可能发生的事情，所以就不予回答了。

儒家主大利，墨家太计较

孔子唯一重要的态度，就是不计较利害。

墨子处处要问一个"为什么"。

梁漱溟先生说，孔子唯一重要的态度，就是不计较利害。这是儒家与人最显著不同的态度。不计利害，指的是不避利害，即人的心并未着眼于"利害"之上，这也是儒墨两家最显著的差别，下面这段话就清楚地说明了这点：

墨子问于儒者曰："何故为乐？"曰："乐以为乐也。"墨子曰："子未我应也。今我问曰：'何故为室？'曰：'冬避寒焉，夏避暑焉，室以为男女之别也'，则子告我为室之故矣。今我问曰：'何故为乐？'曰：'乐以为乐也。'是犹曰：'何故为室？'曰：'室以为室也。'"

儒家说："为人君，止于仁；为人臣，止于敬；为人父，止于慈；为人子，止于孝；与国人交，止于信。"

儒家只是说一个理想的、标准的君臣父子应当是怎样的，而不会去追问为什么。因为在儒家看来，过最理想的生活，是最自然不过的事情，本当如此，何必再去追问？因此在回答"为什么乐"的问题时，说"乐以为乐"，在回答"为什么要造房子"时，也回答"想造房子，所以就造了"。用董仲舒的话来说，儒家就是"正其谊不谋其利，明其道不计其功"。在生活中本着"义"而行，也许会带来利益，但是心中不去计较这些。而梁先生说，墨子处处要问一个"为什么"。他还举了个例子：如造一所房子，墨家先要问为什么要造房子，知道了"为什么"，方才知道怎样做。知道房子的

用处是"冬避寒焉，夏避暑焉，室以为男女之别"，方才可以知道怎样构造布置始能避风雨寒暑，始能分别男女内外。

墨子的主张看起来很实际，在现实中房子也确实是应当做如此用途的，因此梁先生称之为"应用主义"，或者"实利主义"。如是，世界上万般事物的价值判断就成为有用和没用，而没有了美不美。

墨子是主张兼爱非攻的，希望人能够摒弃私念，爱人如己。当时就有人诘难墨子，问道："即善矣，虽然，岂可用哉？"大家都无私心，彼此相亲相爱，再无战争，世界和平自然好得很，然而真的能够实行吗？墨子答道："用而不可，虽我亦将非之。焉有善而不可用者？"他说如果不能适用，又怎么称得上是"善"呢？好的东西必须实用才行。墨子还主张节用节葬和非乐，认为进行厚葬、欣赏音乐都是铺张浪费。墨子把生活当作生存，而不许人去获得更高层次的享受。如吃饭，只有食物够不够，而不管它是否色、香、味俱全，与孔子"食不厌精，脍不厌细"的要求相差得何其之远！

因此，在梁漱溟先生看来，墨家就是把整个人生生生打成两段：若处处持这个态度，那么就把时时的生活都化成手段，而全部人生生活都倾敧在外了，不以生活的意味在生活，而把生活作为别的事而生活了。

比如造房子，房子被排除在了生活之外，只作为生活的手段。抱着这样的心态，造房子成为不得不为之事，带有了勉强的意味，唯一的动力是"先苦后甜"的信念在支撑——"现在苦一些，日后就可以好好享受了"，工作中注意的是劳累和辛苦。而儒家不同，孔子总说"乐以忘忧"。他们不以"是非"去定"善恶"，因为在

跟着梁漱溟学儒

儒家眼里，生活本身就是好的，无所谓有用无用，无论是造房子还是住房子都是一种乐趣，出于一种心态。梁先生说：好善恶恶，实是一个情味，要是去问他为什么好善恶恶，此实不能再下解释，因他的本身不是手段，乃是目的，故不能再问其目的。造房子本身就是生活的一部分，所以也应当是充满情趣的。趣味是生命之最后，也是生命之开头，它没有什么可解释的。

可见墨家的出发点已经和生活相悖了。儒家在大的方面看似很计较，其实这是一种一丝不苟的态度。

孔子说："居上位而不宽厚，行礼时而不严肃，吊丧时而不悲哀，这种样子我怎么能看得下去呢？"

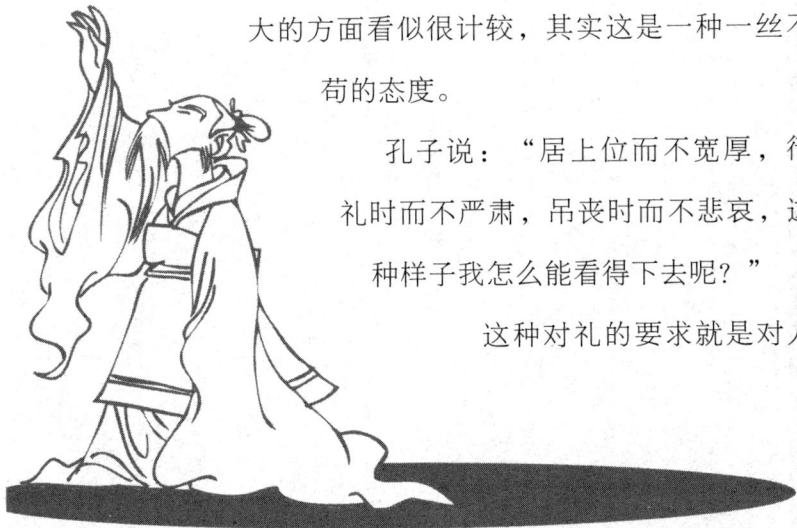

这种对礼的要求就是对人品行的要求，而且之前说过，礼乐本身就是充满趣味的，人能够在仪式中得到乐趣，它的身上体现的是"大利"，是在趣味中潜移默化地教化感染着百姓。这样的生活岂不是要比整日在算盘上计算数字的墨家要有趣得多？很多的礼，如教育一样并不能在短期内就能够看到其实际的用途，但是从长远来看，它是真正有益于人的生活的，所以儒家着眼的是"大利"，而墨家在这方面难免失之褊狭。

杨朱的诗意

杨朱其实是一个很有意思的人。有一次他外出到了一个岔路口，竟然哭了起来，因为他联想到了人生的歧路，心中不禁伤感起来，可见他也是一个多愁善感的人。还有一次，他的弟弟出门时穿了身白衣，回来时因为天下雨就换了身黑衣，结果家里的狗没有认出来，朝他狂吠，弟弟气得要打它。杨朱却说："你不要打它。假设这狗在出外时为白色，回来时却变成了黑色，难道你不同样地感到奇怪吗？"

生活在于当下之趣味

凡靠趣味去生活的结果，都成为一个非功利派，他的动作完全靠当下所感之趣味。

梁漱溟先生说："凡靠趣味去生活的结果，都成为一个非功利派，他的动作完全靠当下所感之趣味。个性特别的人，里面充足的人，他的直觉很强，都是靠趣味生活，结果都是非功利派。所以不应看非功利派是一个很严的态度、很冷的样子，其实他是顶富于趣味的。"因为功利非功利只是态度之别，所以与人行为之出世或入世并无多大关系。趣味在心而不在境遇，人的心只应当守在当下方能安定，方有趣味可言。这种趣味并不是说一个人的心里时时都是开心快乐，而是就"顺畅"而言的，这样的人也就是性情中人。

这种非功利的态度在宋朝的士大夫身上表现得最为明显，他们的身上往往集儒、释、道于一体，内在的充足使得他们不论在官在隐都能够以从容自在的心态去面对生活。其中最为杰出的代表自然是苏东坡。

苏轼曾说自己："言发于心而冲于口，吐之则逆人，茹之则逆余。以为宁逆人也，故卒吐之。"也就是全凭自己的心去做事，不去计较这些言行会为自己带来祸或者福。带着这种心态去处世的人，生活自然是丰富而充盈的，因为内心很充实。

苏东坡的一生因党争而仕途连蹇，晚年时还被贬至地方。已经颠沛流离了大半生、身处异乡的他却并没有为自己的得与失去做账册，反而自我嘲解道："寂寂东坡一病翁，白须萧散满霜风。小儿

误喜朱颜在，一笑那知是酒红。"明明是朱颜已逝，却被他写成了一个自得其乐的老顽童，青春不可再逮，乐趣却不曾消散。

被鲁迅先生称为"名士的教科书"的《世说新语》里记载了很多文人雅士的超俗行迹，其中有一篇是写王子猷的"任性情而行"的。

王子猷弃官后住在山阴，一天夜晚下大雪，他睡觉醒来，打开房门，命仆人酌酒，四周望去，白茫茫一片，就起身徘徊，吟咏左思的《招隐诗》，忽然想起戴安道（戴逵，字安道）。当时戴安道在剡县，王子猷就在夜晚乘小船到戴安道那里去。走了一夜才走到，到戴安道门前却不上前敲门就又返回了。有人问他这样做的缘故，王子猷回答说："我本来是乘兴而来，现在兴尽就返回家，为什么一定要见到戴安道？"

对于现在奔波于尘世之中、忙忙碌碌的人来说，谁还会不计成本、不计时间去做这些事情？纵然是心向往之，也难以真的落到实处。其实，这种有趣味的态度才是对生命的认真对待，因为生命本身就是乐的，能从中体味到这一点的人才是真正享受生活的人。《红楼梦》里的妙玉对宝玉谈及喝茶之道时说："岂不闻'一杯为品，二杯即是解渴的蠢物，三杯便是饮驴了'。"这样的人，懂得收藏生命的每一点每一滴，生活就渐渐变得丰富起来。

梁漱溟先生说："而讲利害，讲实利，反不免干枯无味，正

跟着梁漱溟学儒

以理智之冷硬有以致之。"人生如果总是计算功利，生活的情趣难免大减。与生活的情趣相对的是理智。梁先生又说："理智常是一个数量的计算，计算就是找东西。"在找的时候，就会把还未出现的虚幻的东西来填满，于是就失去了当下的趣味。因此梁先生指出，墨子之非乐、节葬、短丧的态度，统通是看实利，即是计算数量。因他只在符号上去辗转，便失掉情趣矣。

因此梁先生就说："天下最危险的事，就是怕人没有生趣。一个人觉得他没有生趣，便要闹大乱子，社会就要掀动。让人丧失生趣的就是算账，就是功利的态度。"因为乐本身无高低之分，并不能用来计算。手里拿着一朵玫瑰的女孩所感到的幸福并不比戴着钻戒的所感受到的少，但是若用计算的态度，换算成金钱，鲜花还能给人带来多少的快乐？如果住在草棚子里的人认定住别墅的富人生活更快乐，能保证他们不做出引发社会动乱的事情来吗？儒家之所以持不计较的态度，正是想让人们去看生活本身就是乐的，而乐是无法计较、计较不来的，不是着眼于可用数字来衡量的境遇等外在之物。

"醉翁之意不在酒，在乎山水之间也。"欧阳修陶醉在当下自己的心情中，有没有酒都不重要了，重要的是生活如此美好。而墨子却会盯着酒看，思索这种酒是否很贵，是否太过奢侈。墨家在细枝末节上专做文章，反而忽视了人生活之可贵可爱，故而干枯无味，不是因小失大吗？我们所有的就只是生活本身而已，还有什么东西比生活的情趣更重要的呢？

宝玉说晴雯撕扇

《红楼梦》中，撕扇成了晴雯性格的标志。对此，宝玉有一段很有意思的评论：你爱打就打，这些东西原不过是借人所用，你爱这样，我爱那样，各自性情不同。比如那扇子原是扇的，你要撕着玩也可以使得，只是不可生气时拿它出气。就如杯盘，原是盛东西的，你喜听那一声响，就故意摔碎了也可以使得，只是别在生气时拿他出气。这就是爱物了。在他看来，生活中的事物都是为了自己的喜欢而存在的，撕扇也罢、摔盘子也罢，能从中获得乐趣就好了。

刑罚： 利一时， 弊一世

刑罚这个东西是让人生去走功利的路，根本与孔家冲突……拿法律刑罚去统驭社会，实在是把人生建立在计较利害的心理上，建立在不正当的功利态度上，结果使人的心理卑陋鄙劣。

孔子说仁，但是矢志不移地在政治上推行仁政的其实是孟子。推行仁政是大利，却很容易被人当作功利之行。

孟子谒见梁惠王。惠王说："老先生，您不远千里而来，将有什么有利于我的国家吗？"

孟子回答道："大王，您为什么定要说到那利呢？只要仁义就够了。大王说：'怎样有利于我的国家？'大夫说：'怎样有利于我的封邑？'士人平民说：'怎样有利于我自身？'上上下下互相争夺利益，那国家就危险了。在拥有万辆兵车的国家，杀掉国君的，必定是国内拥有千辆兵车的大夫；在拥有千辆兵车的国家，杀掉国君的，必定是国内拥有百辆兵车的大夫。在拥有万辆兵车的国家里，这些大夫拥有千辆兵车；在拥有千辆兵车的国家里，这些大夫拥有百辆兵车，不算是不多了，如果轻义而重利，他们不夺取（国君的地位和利益）是绝对不会满足的。没有讲仁的人会遗弃自己父母的，没有行义的人会不顾自己君主的。大王只要讲仁义就行了，何必谈利呢？"

梁惠王的问题功利性很强，目的很明确——把国家治理好，这是目标，他希望孟子能够给他指点一二，告诉他实现目标的手段。孟子则认为推行仁政，即行王道就能够治理好国家，因为王道合乎人心，尽自己的心去做就可以了，无须再把目标放到别处，所以认为齐宣王"见其生不忍见其死"，有仁心，便可以"王天下"。目的与手段合一，这

正属于非功利派的路子。但是梁惠王一直没能从"功利"的斤斤计较中摆脱出来，才有五十步笑百步之说。这种计算都着眼于手段而非目的。在施政中更大的计较是与王道相对的霸道，最显著的特点就是尚刑罚、重利害。

孔子是反对这种行为的，他说："用政令来训导百姓，用刑罚来整饬百姓，百姓只会尽量地避免获罪，却没有羞耻心；用道德来引导人民，用礼教来整饬人民，人民就会有羞耻心而且归顺。"

梁漱溟先生同样反对刑罚，他说："刑罚这个东西是让人生去走功利的路，根本与孔家冲突……拿法律刑罚去统驭社会，实在是把人生建立在计较利害的心理上，建立在不正当的功利态度上，结果使人的心理卑陋鄙劣。"

汤显祖以一曲《牡丹亭》名噪天下，"令《西厢》减价"，与提出"愿普天下有情的都成了眷属"的王实甫一样，他也受到当时心学的影响，认为天地之间无不有情，"尚情"成为他生活和文学创作的基点。因对当朝首辅张居正的拉拢无动于衷，他两次科举名落孙山，张居正死后才得以考中。因不肯攀附权贵，并且对时政上书直谏，被贬入地方为官。

在浙江遂昌任知县期间，他把自己对"情"的理解付诸实践。人是有情人，世界是有情世界，生活在这样有情世界中的有情人才能真正感受到幸福。在除虎患、抑豪绅、建书院、劝农耕之外，最为人称道的莫过于他对待监狱里犯人的措施了。除夕之夜让狱中囚犯回家过年，与家人团聚；元宵节组织囚犯到城北河桥上观花灯，称为"除夕遣囚"和"纵囚观灯"，一时"绕县笙歌"，无论是官还是囚，都沉浸在"与民同乐"的氛围中。而且这些犯人中没有一个因此潜逃的，他的理想实践成功了。

跟着梁漱溟学儒

汤显祖懂得人性本善，这些并不是刑罚可以让人意识到的，他所做的就是"感化"，让囚犯回归自己心中去找寻人生的真谛，他也不愧为儒家心学之传人。

刑罚是一种强制的措施，暂时把人的恶行控制在一定的范围之内，却是治标不治本，不知道人之所以"恶"是因其原本清明的仁心被弄污浊了，只有澄清污秽才能够走上正确的道路。刑罚却把人导入了计较的道路：有了刑罚之后，人不再从自己的心出发去过生活，而是用法这种外在的东西来束缚自己。比如夫妻之间本是相濡以沫，是一种情感的默契，这应是不言而喻的。现在不能使用家庭暴力却是怕担法律上的责任，纵然是相敬如宾，到底意难平，生活的乐趣不知被消解了多少。更为重要的是，人如果习惯于跟着刑罚走而舍弃了自己的心，一世都难挽回。

自古道"刑不上大夫"，因为士大夫都受过正统的"仁义礼智信"之熏陶，用刑罚是对他们品格的否认和践踏。另一句相对的话是"礼不下庶人"，带有些"愚民"之意，认为对普通百姓施之以礼也无济于事，只能用刑罚来约束，这和儒家的学说自然是相悖的，因为儒家认为，从自己的心出发，生活就能过得很好。梁先生甚至认为小孩子和乡村之人的生活更容易快乐，也是因为他们不懂得计较的缘故。故梁先生说："以后只有提高了人格，靠着人类之社会的本能，靠着情感，靠着不分别人我，不计较算账的心理，去作如彼的生活，而后如彼的生活才有可能。"这也是汤显祖的理想。只是这种美育非几世没有效果，所以很多没有预见力的人，就以为不如刑罚立竿见影。

连坐

中国古代因他人犯罪而使与罪犯有一定关系的人连带受刑的制度。所谓的灭九族、株连三族其实都属于连坐。唯有明朝的方孝孺被灭了十族。他因忠于建文帝，不愿跟随明成祖，朱棣下令把方孝孺的朋友门生也列作一族，连同宗族合为「十族」而杀害。这是一种极为不人道的刑罚制度。方孝孺至死也未低头。

缇萦救父

西汉时，有个叫淳于意的医生因为病人死了被告。官吏判他「肉刑」（当时的肉刑有脸上刺字、割去鼻子、砍去左足或右足等），把他押解到长安去受刑。小女儿缇萦跟随而去，并托人写了奏章给汉文帝：「一个人砍去脚就成了残废；割去了鼻子不能再安上去，以后就是想改过自新，也没有办法了。」并说愿意做奴婢替父赎罪，终于打动了汉文帝，把肉刑改为打板子。

第十三章

佛说人生苦，儒说人生乐

儒释皆破执，执有不同义

佛家之破执，是破生命中原来之执，此执在佛家为俱生我执与法执……孔家不但不破俱生执，且认为是根本所在。

意必固我之人，总以为"非如此不可"，这种态度其实就是落入了佛家所说的"执"。在佛家看来，人世的痛苦正是来源于此。佛法说："世间诸灾害，怖畏及众生，悉由我执生，留彼何所为？"又曰："由内心执取自我，所

以在家人执取五欲，出家人执取种种错误之见解与毫无意义之禁戒。" 执取，又名执着、我执，乃是导致世人产生种种烦恼困苦的根源，是意必固我的代名词。佛家把执分为我执和法执，无论是我执还是法执，都是人与生俱来的一种执着，一者执着于我，一者执着于天地万物。

我执有两种：俱生我执（俱生执）和分别我执。佛家要把执一破到底。梁漱溟先生说，佛家之破执，是破生命中原来之执，此执在佛家为俱生我执与法执。所谓"俱生我执"，也就是"与生俱来"的对于"我"的执着。颜子死，子哭之恸，在孔家不算为执，不算为意必固我，但在佛家则以为执。此为生命原来有者，为俱生执。孔家不但不破俱生执，且认为是根本所在。

人们都认为这个"身体"是真正实在的"我"，所以"俱生我执"，就是存在于人们意识中的"我"对"身体"的执着；在这方面人们必须获得觉悟才能破除"我执"，获得"解脱"。所以佛家要破"财、色、名、食、睡"这"五欲"，认为这些会是对生命的妨碍。孔子却说，食色，性也。把被佛家作为俱生执的东西当作生命的一部分。孔子有言，身体发肤，受之父母，不敢毁伤，孝之始也。立身行道，扬名于后世，以显父母，孝之终也。夫孝，始于事亲，中于事君，终于立身。所以孔子对于生命是持"在意"的态度的，对生活中的一切都很珍惜。而佛家宣扬四大皆空，谓世间万事皆虚，包括人自己，都并不存在。如刀子伤我而痛，在孔家并不认为执，而佛家则认为执，要一直破到底。

因此梁漱溟先生说，佛家是彻底的无我，而孔家则在直觉之中对我并不排斥。孔子也要破分别我执。"我之观念完全由后天分别而成，由区划范围，指定方向，所以如此之空间，如此之时间而命之为我，此之为分别我执。"人本身应当是一个意味，生命的存在怎么能用时间、方位来限定呢？分别我，就是把他人和自己分开，心中有"私"的意思。平时大家在生活中说"小我""大我"，其实已经走入了分别我执之中，不知道其实只有一个"我"。在这一点上，儒家和佛家的态度是一致的。而佛家更进一层，把"我"又等同于万物和外物。

唐朝时，有一位懒瓒禅师隐居在湖南南岳衡山的一个山洞中，他曾写下一首诗，表达他的心境：

世事悠悠，不如山岳，卧藤萝下，块石枕头；

不朝天子，岂羡王侯？生死无虑，更复何忧？

这首诗传到唐德宗的耳中，德宗心想，这首诗写得如此洒脱，作者一定也是一位洒脱飘逸的人物吧？应该见一见！于是就派大臣去迎请禅师。

大臣拿着圣旨东寻西问，总算找到了禅师所住的岩洞，正好瞧见禅师在洞中生火做饭。大臣便在洞口大声呼叫道："圣旨到，赶快下跪接旨！"洞中的懒瓒禅师却毫不理睬。

大臣探头一瞧，只见禅师以牛粪生火，炉上烧的是芋头，火愈烧愈炽，整个洞中烟雾弥漫，熏得禅师鼻涕纵横、眼泪直流，大臣忍不住说："和尚，看你脏的！你的鼻涕流下来了，赶紧擦一擦吧！"

懒瓒禅师头也不回地答道："我才没工夫为俗人擦鼻涕呢！"

懒瓒禅师边说边夹起灸热的芋头往嘴里送，并连声赞道："好吃，好吃！"

大臣凑近一看，惊得目瞪口呆，懒瓒禅师吃的东西哪是芋头呀，分明是像芋头一样的石头！懒瓒禅师顺手捡了两块递给大臣，并说："请趁热吃吧！世界都是由心生的，所有东西都来源于知识。贫富贵贱，生熟软硬，你在心里把它看作一样不就行了吗？"

在懒瓒禅师看来，天地万物并无区别，贫富贵贱、生熟软硬都一样，一切都不过是瞬间的存在。因此，他否认自己的存在，流鼻涕的那个俗人已经不是他了，完全把自己超脱了出来，与万物等齐。故梁漱溟先生说，儒家和道家均属于世间法，他们心中都珍视个体生命；而佛家则为出世间法，真的超脱于生命之外，把人作为人的特征看作空空无物。

弦外听儒音

好了歌

出自《红楼梦》，说的正是道家那种万事皆无的虚无主义：

『世人都晓神仙好，唯有功名忘不了！古今将相在何方？荒冢一堆草没了！世人都晓神仙好，只有金银忘不了！终朝只恨聚无多，及到多时眼闭了。世人都晓神仙好，只有娇妻忘不了！君生日日说恩情，君死又随人去了。世人都晓神仙好，只有儿孙忘不了！痴心父母古来多，孝顺儿孙谁见了？』

天不淋一人

有位禅师写下两句话，要弟子们参研：绵绵阴雨二人行，怎奈天不淋一人。

弟子们议论道：『为什么另一个人没淋到雨呢？』有的说他穿着雨衣，有的说是打着伞，有的则说是走在屋檐下。

最后，禅师道：『你们都执着于「不淋一人」这一点上，其实，「不淋一人」，不就是两个人都在淋雨吗？』

乐本无所待，何须身外求

生命根本上自己是生活，实无待找。

佛家说，苦海无涯，回头是岸。人世之苦是因"执着"太多，贪嗔痴等诸惑皆是执。本来无一物，向前一步便是"执"。梁先生最初也认为自己的痛苦来源于贪。他说十三四岁的自己"仿佛是个野心家……野心者，是一个太贪的心……这种太贪的心，真是厉害，人若是不想名利，无所要求，就没有碰钉子的时候。但有了欲求，就会碰钉子。欲求愈大，所碰的钉子愈甚，我欲达到很大的要求，遭到层层挫折，弄得神经衰弱，心中苦痛"。佛学在这点上正好和他当时的心情相契合，他便认为"苦乐是因欲求而有"，"苦乐实起于贪欲；贪欲实起于分别执着——内执着乎我，外执着乎物"。

王国维先生就在《红楼梦评论》中提出宝玉的"玉"乃"欲"之象征，悲欢离合皆由它起。当时正在研读佛经的梁漱溟应是赞成此说的，他说："可见苦乐是因欲求而有……生命根本上便是欲求，故人有求生之欲而拒绝痛苦。此种欲求不是在念虑上，乃在生命里便有。"他还立了四条根据：

一是欲念无已时。人容易饱暖思淫欲，只要生命存在就会有欲望的存在。

二是世间苦多于乐。人难以满足，所以生活中觉有所短缺的时候居多，这时就会觉得痛苦，快乐是极为短暂的。

三是富贵者的苦乐与拉车者之苦乐相等。无论地位高低都会有苦乐，而且差别不大，即苦乐与境遇无关，而在于境遇是否为其欲求之所在，也就是说对于当前的境遇自己所持的心态如何，是否有不满而且想着要去改变。

　　四是欲求愈进必愈苦。人之苦在于欲望难以得到满足，一旦满足便是"乐"，但是欲望得遂后新的欲望又起，而新的欲望比原来的更难得到满足。所以梁先生说，人类愈进化则愈聪明，愈聪明则愈多苦。

　　这四点都是从佛家看待世人的角度推出的观点，特别是从第四点出发，把整个人类的发展进步都进行了否认，无疑是很消极的。这些论点的前提就是"欲"之难以消除，而且人把苦乐都寄予欲的满足与否上。

　　智德禅师在院子里种了一棵菊花。转眼三年过去了，这年秋天，院子里长满了菊花，香味随风飘到了山下的乡村。

　　到禅院来的信徒们都对菊花赞不绝口："好美的花儿呀！"

　　有一天，有人开口，想向智德禅师要几棵菊花种到自家的院子里，智德禅师答应了，他亲自动手挑了几株开得最盛、枝叶最粗的，挖出根须送给那人。消息传开了，前来要花的人络绎不绝，接踵而至。智德禅师一一满足了他们的要求。

　　不久，禅院中的菊花就都被送出去了。

　　弟子们看到满园的凄凉，忍不住说："真可惜，这里本来应该是满院飘香的呀！"

　　智德禅师微笑着说："可是，你们想想，这样不是更好吗？因为三年之后，就会是满村菊香四溢了！"

　　"满村菊香。"弟子们听师父这么一说，脸上的笑容立刻就像盛开的菊花一样灿烂起来。

弟子们看到的是菊花已空，心中的凄凉来自对菊花的留恋，这就是欲念，也是执，因此有不满，落入了苦海。智德禅师心中明了，菊花在此在彼其实并无不同，随缘即好，因此他并没有想要给自己挽留住菊花，菊花不过是一个意味，一个与天地同尘之物。他的一席话其实正是在破弟子之执。

而孔子"他不从改造局面去救人，不是看乐事有所依待，而是走无所依待之路"。梁先生在接触了儒家之后，便由此对前面的四条做了调整。从儒家的观点出发，境遇无苦乐、大家苦乐相似都没错，但欲念无已和人生苦多于乐两点错了。这两点成立的前提是人的苦乐寄于欲念，欲念无已，故人生常苦。因此，梁先生说："我当时因不知有不找之可能，故有此说，若不找时，此说便不能成立了，于此可知欲求实有已时……而生命根本上自己是生活，实无待找。你找的时候便缺短。若时时待找，便时时苦多于乐，但是若把生活重心放在生活里面，实在时时都是不成问题，时时是满足，时时是畅达溢洋。"所谓的"找"便是欲求，把自己的苦乐寄托在外在的东西上，而忘记了自己的本心。这个时候就会生出苦来。如果专注于内而非外，就不会有苦的存在了。

佛家和儒家都认为苦在人的身上存在，不同之处在于：佛家认为苦是人世间的常态，因为凡人既然常被执所束缚，自然难免被欲所困扰，由此便产生了苦。而儒家则不然，它把乐作为生活的本源。生活中虽然存在苦，但那是生活的非常态，完全可以通过自己得以解脱。

君子三乐

孟子说君子有三乐，这三乐与治理天下没有关系。父母俱在，兄弟安好，一乐；仰不愧于天，俯不怍于人，二乐；得到天下的好学生，然后教育他们，三乐。

解脱之道：顺生还是无生

生命是欲求，他就根本不要生命。

孔子不是如前面所说从取消问题去救人，是从不成问题去救人……听他感触应付下去，不加一点意思。

如何才能摆脱痛苦？梁漱溟先生说："在前，我以为看世间人生只有两面，一是向外面去找，走欲求的路，许多圣哲都是顺着这个方向去找一个东西来解救大家；一是取消欲求，根本上是取消问题，这是佛家的路子……（佛家）是去取消欲求，根本是在解脱生命……生命是欲求，他就根本不要生命。"这一观点和王国维先生的很相似，王国维先生说：解脱之道存于出世，而不存于自杀。所以《红楼

梦》中得以真正解脱者唯有宝玉一人。梁漱溟先生自己不也是差点遁入空门吗？

在佛家看来，人生无论是苦还是乐都在一个欲念间，有苦必有乐，因此苦和乐都归于"执"。因此，佛家的解脱之道是要从"执"中解脱出来，达到超情绝欲、四大皆空、六根清净的无我之境界。弘一法师说，生亦何欢，死亦何苦。生死都是空，他真正从"执"中得以超脱，因此在圆寂之际静如秋叶。

与佛家不同，梁漱溟说："孔子不是如前面所说从取消问题去救人，是从不成问题去救人……听他感触应付下去，不加一点意思。"对于儒家来说，生死是一个应该严肃对待的事情，儒家的着眼点就在于"生"，也就是佛家所谓"俱生执"。生命原来是一个活动，是在生机畅达上，真是无所谓苦乐。生机滞塞，才有所谓苦。只要顺从生命本身之理而行，便可以达到解脱苦的目的了。

泰州学派创始者王艮说："乐者心之本体也。"还留下了四句话：人心本无事，有事心不了，有事行无事，多事亦不错。

意思是说，乐本就在人的心中，无须从外面去找寻。仁者虽有事亦行所无事，都是所谓随遇而应、过而不留、安和自在、泰然无事，他感触变化只随此生命之理，所以他时时是调和，是畅达快乐。

孙叔敖原来是位隐士，被人推荐给楚庄王，三个月后做了令尹（宰相）。他善于教化引导人民，因而使楚国上下和睦、国家安宁。

有位孤丘老人，很关心孙叔敖，特意登门拜访，问他："高贵的人往往有三怨，你知道吗？"

孙叔敖回问："您说的三怨是指什么呢？"

孤丘老人说："爵位高的人，别人嫉妒他；官职高的人，君王讨厌他；俸禄优厚的人，会招来怨恨。"

孙叔敖笑着说："我的爵位越高，我的心胸越谦卑；我的官职越大，我的欲望越小；我的俸禄越优厚，我对别人的施舍就越普遍。我用这样的办法来避免三怨，可以吗？"

孤丘老人很满意，笑着离去。

孙叔敖严格按照自己所说的行事，避免了不少麻烦，但也并非是一帆风顺，他曾几次被免职，又几次被复职。有个叫肩吾的隐士对此很不理解，就登门拜访孙叔敖，问他："你三次担任令尹，也没有感到荣耀；你三次离开令尹之位，也没有露出忧色。我开始对此感到疑惑，现在看你的心态又是如此平和，你的心里到底是怎样想的呢？"

孙叔敖回答说："我哪里有什么过人的地方啊？我认为官职爵禄的到来是不可推却的，离开是不可阻止的。得到和失去都不取决于我自己，因此才没有觉得荣耀或忧愁。况且我也不知道官职爵禄应该落在别人身上呢，还是应该落在我的身上。落在别人身上，那么我就不应该有，与我无关；落在我身上，那么别人就不应该有，与别人无关。我的追求是顺其自然、悠然自得，哪里有工夫顾得上什么人间的贵贱呢？"

孙叔敖在险恶的仕途风浪中始终不惊不惧，只因他心中淡定，用梁漱溟先生的话说，就是"只是顺着生活的路上走去，着重生活的本身，不着眼环境的关系，就完全不成问题"。所有的经过都是生命，而生命应该是从心出发的，孙叔敖守住了心，顺心而行，生命自然也就随之畅达。

梁先生还以君子和小人来指代这两种生活态度。孔子有言

曰："君子坦荡荡，小人长戚戚。"梁先生说："君子本是安和自在，种种不成问题，当然时时是乐，故君子与乐完全不离。小人因有许多私欲，故不能安乐……小人去找，所以把宇宙海阔天空大的态度失掉；而仁者不找，所以他的心是通天通地，宇宙是属于他的。"君子只看当下自己心的自然流露，而小人杂念甚多，把前前后后的事情都拉到了当下，故焦虑不堪。因此一者乐，一者不乐。

　　无论儒家还是佛家，对人生困苦的问题都能圆满地解决，只不过一个顺生，力求生命的生机畅达；一个是无生，根本在于取消生活。一水中分，殊途同归，并立于中国哲学之高山，良无愧也。

泰州学派

中国历史上第一个真正意义上的思想启蒙学派。创始人王艮，字汝止，号心斋，师承王守仁，它发扬了王守仁的心学思想，反对束缚人性，引领了明朝后期的思想解放潮流。李贽是其重要代表人物。

枯荣任他去

唯俨禅师在院中打坐，弟子道膺和道吾在陪侍。禅师忽然指院子里一枯一荣两棵树，问：「那两棵树是枯的好还是荣的好？」

道吾说：「荣的好。」

道膺说：「枯的好。」

这时，正好有一侍者走过来，禅师又问他同样的问题。

侍者答道：「枯者由他枯，荣者任他荣。」

平平淡淡才是真

生命本是一个活动，原是生机畅达，这是绝对的乐，原无可说，即是平淡，即是说生命原是一个调和的、平坦的，并没一点高低之可言。

人生有苦有乐，但是在最为本真的生命意义上来说，只有畅达与否。梁漱溟先生说："生命本是一个活动，原是生机畅达，这是绝对的乐，原无可说，即是平淡，即是说生命原是一个调和的、平坦的，并没一点高低之可言。"生活就像一条河，缓缓向前流淌，纵然遇到巨石横拦，依然可以顺利地绕过去，水流没有滞塞，这都是乐，因此"在条达安和之气象看，真是无时非乐"。梁先生还举例说，小孩之喜怒哀乐，听他喜怒哀乐。"听"就是"任由"的意思，为何如此说呢？"他喜怒哀乐的时候，也恰是他条达通畅的实际，苦的踪迹安在？而成人当喜不喜，当哭不哭，忍含在心里，乃有苦之可言。"

这种乐是当下的、具体的，因为生活本就在当下。这种当下和具体并不是以某一件为乐、以某一件为苦，如果是这样的话，就会抱定这种态度从这些事情中寻找乐，一旦寻找了，其实就是落入了"虚见"。梁先生说，与此虚见同起者，厥为妄情，正是这些东西扰乱了人原本正常的生活。

梁漱溟先生说，所谓实感者，即当前一刹那苦乐之感，此乃直觉之所指示，离此而去希冀什么便是虚见，因已离开直觉矣。就如同吃一块糖，觉得好吃，心里就有一种乐在。但是有的人会以此推去，以为有千块糖便有千倍乐。而作为实感的乐是绝对的，并无高低之别。"若愈看愈高或愈低则愈错，实则一平淡而已。"既无高低之别，生活就当只存"平淡"可说。人们常说平平常常就是真，这种生活的真就是乐。这种和生命同在的俱生我执正是儒家认为的根本。

苏东坡评价陶渊明的诗作说："质而实绮，癯而实腴。"平淡之中其实有万般滋

跟着梁漱溟学儒

味，生活也是如此，而且这些滋味其实都可归于一个"乐"字。

梁先生认为实感便是对，如果在此直觉之外再加一点，就成了非是。也就是说如果抱定了糖越多、乐越多的态度，便是落入了虚见和妄情。这是儒家和佛家都要求破的执。

县城老街上有一家铁匠铺，铺里住着一位老铁匠。时代不同了，如今已经没人再需要他打制的铁器，所以，现在他的铺子改卖拴小狗的链子。

他的经营方式非常古老和传统。人坐在门内，货物摆在门外，不吆喝，不还价，晚上也不收摊。你无论什么时候从这儿经过，都会看到他在竹椅上躺着，微闭着眼，手里是一只半导体收音机，旁边有一把紫砂壶。

当然，他的生意也没有好坏之说。每天的收入正够他喝茶和吃饭。他老了，已不再需要多余的东西，因此他非常满足。

一天，一个文物商人从老街上经过，偶然间看到老铁匠身旁的那把紫砂壶，因为那把壶古朴雅致，紫黑如墨，有清代制壶名家戴振公的风格。他走过去，顺手端起那把壶。壶嘴内有一记印章，果然是戴振公的。商人惊喜不已，因为戴振公在世界上有捏泥成金的美名，据说他的作品现在仅存三件：一件在美国纽约州立博物馆；一件在中国台湾"故宫博物院"；还有一件在泰国某位华侨手里，是那位华侨1993年在伦敦拍卖市场上，以56万美元的拍卖价买下的。

商人端着那把壶，想以10万元的价格买下它。当他说出这个数字时，老铁匠先是一惊，然后很干脆地拒绝了，因为这把壶是他爷爷留下

的，他们祖孙三代打铁时都喝这把壶里的水。

虽然壶没卖，但商人走后，老铁匠有生以来第一次失眠了。这把壶他用了近60年，并且一直以为是把普普通通的壶，现在竟有人要以10万元的价钱买下它，他转不过神来。

过去他躺在椅子上喝水，都是闭着眼睛把壶放在小桌上，现在他总要坐起来再看一眼，这种生活让他非常不舒服。特别让他不能容忍的是，当人们知道他有一把价值连城的茶壶后，来访者络绎不绝，有的人打听还有没有其他的宝贝，有的甚至开始向他借钱。他的生活被彻底打乱了，他不知该怎样处置这把壶。当那位商人带着20万现金，再一次登门的时候，老铁匠没有说什么。他招来了左右邻居，拿起一把斧头，当众把紫砂壶砸了个粉碎。

老铁匠的生活原本是平淡而舒适的，因为他没有把乐寄托在心外的某一件事物上。按世俗的方法，多一块钱就多一份乐，多十万块钱岂不是要多许多乐？老人就陷入了这种虚见之中，生活也不再那么舒服了。梁先生说，虚见本不难破，难破乃在他辗转相资，习而不察，离事实太远，即离当下太远，使我们不知不觉地入于意必固我而不自觉。老人的失眠就在于想着那把壶可能带来的财富，以及财富所象征着的幸福，却不知道这些在当下看来都是虚无，落入了"执"之中。但他最终明白了：自己的快乐生活与壶并没有关系，所以他做出了选择。他无法对壶做到视而不见，只能用这种破釜沉舟的方式彻底把自己的虚妄打得粉碎，也算得上是生活的智者。

生活本是乐，就无须再从外面去找，更不需要从生命之中解脱出来。儒家在生活中看到乐，并提炼乐；而无苦也就无所谓乐，因此佛家把乐也当作了"执"，采取了对苦一样的消极的态度。两家都试图让生活回归到平淡安适，只是方式不同。

破釜沉舟

《孙子兵法》写道：「焚舟破釜，若驱群羊而往，驱而来，莫知所之。」但该成语为后人所熟知还是源自项羽。项羽在巨鹿之战中「皆沉船，破釜甑，烧庐舍，持三日粮，以示士卒必死，无一还心」，最后大破秦兵。

柴米油盐酱醋茶

出自宋朝吴自牧的《梦粱录·鲞铺》：「盖人家每日不可阙者，柴米油盐酱醋茶。」

后唐伯虎作：「柴米油盐酱醋茶，般般都在别人家。岁暮天寒无一事，竹时寺里看梅花。」

元朝武汉臣《玉壶春》中第一折也有：「早晨起来七件事，柴米油盐酱醋茶。」

上与天地同流，下逾禽兽之恶

人类远高于动物者，不徒在其长于理智，更在其富于情感。

儒家和佛家都希望人能够生活得更好，这里就包含着一个前提：人的生活很容易变得不好，甚至糟糕，所以才需要他们的指导。梁漱溟先生于是对"人"的特点进行了分析，他说，盖（儒佛）两家虽同以人生为其学术对象，而人生却有两面之不同，亦且可说有两极之不同。

梁漱溟先生所说的两面是以动物为参照的。人有其崇高的一面，那就是高于动物的本能而拥有无可限量的发展可能性，"他在生活上是光明俊伟，上下与天地同流，乐在其中的"；

但是在现实生活中，也可能近于动物，其下流、顽劣、奸险、凶恶远非动物能够相比，"它在生活上是暗淡龌龊的，又是沉沦莫得自拔的"。

但是他又特别指出了两极：人类近于一般动物之一面，不等于生活表现上之低极；人类远高于任何动物之一面，不等于生活表现上之高极。

可见人有本性上之两面和生活中之两极。儒家的学说立于后一面和前一极，而佛家之学出自前一面和后一极。也就是说，在儒家看来，人有"仁心"，好善恶恶便是人的本性，这是动物所没有的。梁漱溟先生说："人类远高于动物者，不徒在其长于理智，更在其富于情感。"况且有礼乐的引导，因此人完全有着向更好的方向发展的可能，能向着善无穷地接近，最后达到与天地同在的自由翱翔的理想境界，也就是"君子坦荡荡"。而佛家不是这样，在它看来，人有太多出错的可能，而人因其

智慧为动物所不及，因此一旦作恶，其后果更甚于动物，而且自己深陷其中难以自拔，所以需要佛的教化。

小和尚满怀疑惑地去见师父："师父，您说好人坏人都可以度，问题是坏人已经失去了人的本质，如何算是人呢？既不是人，就不应该度化他。"

师父没有立刻作答，只是拿起笔在纸上写了个"我"，但字是反写的，如同印章上的文字左右颠倒。

"这是什么？"师父问。"这是个字。"小和尚说，"但是写反了！"

"什么字呢？"答："'我'字！"

"写反了的'我'字算不算字？"师父追问。

"不算！"

"既然不算，你为什么说它是个'我'字？"

"算！"小和尚立刻改口。

"既算是个字，你为什么说它反了呢？"

小和尚怔住了，不知怎样作答。

"正字是字，反字也是字，你说它是'我'字，又认得出那是反字，主要是因为你心里认得真正的'我'字；相反，如果你原不识字，就算我写反了，你也无法分辨，只怕当人告诉你那是个'我'字之后，遇到正写的'我'字，你倒要说是写反了。"师父说，"同样的道理，好人是人，坏人也是人，最重要的是你须识得人的本性。于是，当你遇到恶人的时候，仍然一眼便能见到他的'本质'，并唤出他的'本真'；本真既明，便不难度化了。"

故事中的师父正是在教导小和尚：人性之中有恶的存在。与儒家把善作为人的本性不同，佛家就是要见人之恶并加以度化，所以佛家着眼的是人的劣根。两者的指引方法不同，效果自然也不同。

明朝的时候有一位读书人叫陈世恩，他的弟弟每天在外面游手好闲，不干正事，他的哥哥看了之后很生气，尤其当弟弟每天三更半夜回来，大哥就对他破口大骂，还把自己气得半死。

陈世恩就跟他大哥说："哥哥，你就别再骂弟弟了，让我来试试看。"当天晚上，陈世恩就站在门口等他弟弟回来，结果，子时过去了，直到丑时，他弟弟才走进门来，这个时候你会说什么？你在那里等，等了那么长时间，你会怎么样？会不会火都上来了？所以很多时候都要靠我们的修养，靠我们忍耐的功夫，所以有一句话叫，一切法要成于忍耐的功夫。当他弟弟回来的时候，他马上跑过去摸摸他弟弟的身体："弟弟，你穿这么少，会不会冷？"然后一边扶着一边说："你肚子一定饿了，我叫嫂子帮你煮一碗面。"把他弟弟带进来，还亲自把门锁好，陪弟弟走进来。第二天还是一样站在门口等，三天、四天都是这样做，而且每次见到弟弟的时候都是充满关怀和爱护，把他带进来。后来他弟弟再也不出去游手好闲了。

哥哥的骂就相当于佛家的"戒"，告诫弟弟犯了哪些错。而陈世恩则选择以礼乐来感化，他相信弟弟的心中一定能够感受到那份温暖，依然有着向善的心，因此他成功了。因佛门众多，

佛家各门之"戒"也不尽相同。小乘有五戒、八戒、二百五十戒等；大乘有三聚净戒、十重四十八轻戒等。如果说儒家属于美育，给人展示好的前景让人在潜移默化之中离善越来越近，佛家更注重对于"恶"的惩戒，指着身后的阴影，告诫人们：一不小心，你就可能堕入黑暗的深渊之中，万劫不复。所以在佛家中有十八层地狱之说、当头棒喝。

当头棒喝

唐朝时有个叫黄檗的传佛禅师，他接纳新弟子时有一套规矩，即不问情由地给对方当头一棒，或者大喝一声，而后提出问题，要对方不假思索地回答。而且每提出一个问题时，都要当头棒喝。禅宗认为佛法不可思议，开口即错，用心即乖。所以，不少禅师在接待初学者时，常一言不发地当头一棒，或大喝一声，或「棒喝交驰」提出问题让其回答，借以考验其悟性，打破初学者的执迷，棒喝因之成为佛门特有的施教方式。

无论佛儒，修行为要

两家同为在人类生命上自己向内用功进修提高的一种学问。

佛家抑或儒家，都不避讳谈人之善恶，只是侧重有所不同。儒家重在人之善，重在生活之乐；佛家重在人之恶，重在生活之苦。他们都在指点平凡的人们去寻求生命的完美，虽然指引的方向不同，但两家都对修行尤为强调，梁漱溟先生说："两家同为在人类生命上自己向内用功进修提高的一种学问。"然在修养实践上，儒家则笃于人伦，以孝悌慈和为教，尽力于世间一切事务而不怠；佛徒却必一力静修，弃绝人伦，摒除百事焉。

儒家对人提出的要求是"不迁怒，不贰过"，要做到这两点，必须"不懈"。梁先生说："人本来就好善恶恶，哪里有什么恶可说，于是可见恶是无根……然则恶之由来，即如是乎，尤要者，恶即惰力是也。"要摆脱惰力，摒弃恶的倾向，自当我心不懈地谨守"孝悌慈和"之人伦，方能洞察宇宙命运之流行趋势。也就是时时像颜回那样检查自己的心是否保持着"仁"的清澈透明，最后做到不违仁之境界。

在佛家看来，"要消灭人生之苦必得修道……修道为寂灭之本"。梁漱溟先生说，世间是生灭不住的，人生是造业受苦，沉沦在生死轮回中；印度各教派几乎都求超脱生死，归于寂灭为乐之境；但它们总不免认识有错误、修行有错误，不能契合真理，妙达出世之境界。唯独佛家能以成就的涅槃寂静。人之恶，不仅在于他有很多欲念痴嗔，还在于他自身无力进行摆脱，所以才要一心向佛，通过修行来摆脱人之恶，达佛之善。

佛曾说："凡我弟子，非禅即诵，非诵即禅。"

禅和诵都是佛家的修炼之道。凡是释迦牟尼佛的弟子，跟着佛学习其实就要做修禅定和念诵这两件事情。禅主要是修定。诵包括听讲、念经、背书、讨论法义、辩论，这些都是属于诵的表现形式。但并不是说除了禅和诵之外就什么都不做。诵是浅的禅定，普通人与深的禅定难以相应，那么最初的念诵培养自己的心能够逐步定下来，到一定程度就主要是心里的诵了，因此禅定并不是什么也不想，而是在心里面诵。不光是嘴巴念，心里也要跟着法义转，你能够心在法义上一直保持不动，那就是定，那么如果说一个佛弟子超出这些范围以外去做一些七七八八的事情，那就跟佛陀当年的要求有距离了。

慧能禅师见弟子整日打坐，便问道："你为什么终日打坐呢？""我参禅啊！"

"参禅与打坐完全不是一回事。"

"可是你不是经常教导我们要安住容易迷失的心，清静地观察一切，终日坐禅不可躺卧吗？"

禅师说："终日打坐，这不是禅，而是在折磨自己的身体。"弟子迷茫了。

慧能禅师紧接着说道："禅定，不是整个人像木头、石头一样地死坐着，而是一种身心极度宁静、清明的状态。离开外界一切物相，是禅；内心安宁不散乱，是定。如果执着人间的物相，内心即散乱；如果离开一切物相的诱惑及困扰，心灵就不会散乱了。我们的心灵本来很清净安定，只因为被外界物相迷惑困扰，如同明镜蒙尘，就活得愚昧迷失了。"

佛家的修炼并不是平常所说的"小和尚念经，有口无心"，这样的和尚尚未领悟佛之要义，慧能就是要求弟子身在佛门，同时心更要入佛门。在对于人心的重视上，佛儒两家所见略同，但

是依然各执一端。儒家认为人心善为性，所以"不是取消，也不是去解决，只是顺生活的路上走去"，向着自己的内心深处便能得至善之道。而佛家并不相信人自身的能力，所以说我佛慈悲，普度众生，世人需要佛来度，无法自救。两家弟子的心便是在不同声音的引导下进行修炼，或向儒，或归佛。

第十四章 成「我」与成「佛」

227

弦外听儒音

造业

「业」即「孽」，指罪过。

苦行僧

是指早期印度一些宗教中以「苦行」为修行手段的僧人。「苦行」一词，梵文原意为「热」，因为印度气候炎热，宗教徒便把受热作为苦行的主要手段。现在一般比喻为实践某种信仰而实行自我节制、自我磨炼、拒绝物质和肉体的引诱、忍受恶劣环境压迫的人。

成"我"与成"佛"

佛家期于"成佛"，而儒家期于"成己"，亦曰"成己、成物"，亦即后世俗语所云"做人"。做人只求有以卓然超于俱生我执，而不必破除俱生我执。

虽然佛儒两家都着眼于心，但是由于方向不一，两家弟子欲达之地自然也不同。儒家重人伦之情，梁漱溟先生说，儒家期于"成己"，亦曰"成己、成物"，亦即后世俗语所云"做人"。做人只求有以卓然超于俱生我执，而不必破除俱生我执。佛家则不然，它既然一破到底，一切皆成空，因此梁先生说佛家期于"成佛"。

> 佛家期于"成佛"，而儒家期于"成己"，亦即后世俗语所云"做人"。
> ——梁漱溟

梁先生说："佛家旨在从现有生命解放出来，实证乎宇宙本体，如其所云'远离颠倒梦想，究竟涅槃'（《般若心经》文）者是。儒家反之，勉于就现有生命体现人类生命之最高可能，彻达宇宙生命之一体性，有如《孟子》所云'尽心、养性、修身'以至'事天、立命'者，《中庸》所云'尽其性'以至'赞天地之化育''与天地参'者是。"

这段话是说，佛家所寻求的是宇宙本体，而非限于"人"之一体，实则已超出人之范畴，因此称之为"佛"；而儒家所看重的是"人"，这是宇宙生命个体之一。因此一求成佛，一求成我。

儒家肯定人的七情六欲，《论语》中的孔子就很有情。

鲁哀公问："你的弟子中谁最好学？"孔子回答说："有个叫颜回的很好学，从不把愤怒发泄到别人的身上，从不犯同样的错误。但不幸短命死了，现在再也没有这样的弟子了，再也没有听说过好学的人了。"

伯牛生了病，孔子去探问他，从窗户里握着他的手，说："你竟然要死了，这是命数啊！这样的人竟得了这样的病！这样的人竟得了这样的病！"

孔子叹道："今也则无。""亡之，命矣夫！斯人也有斯疾！"心中之沉痛表露无遗。儒家要修炼的正是这些好的仁心。至于其他的欲望之类，本身是两刃刀，牵引着人们往或好或不好的地方走去，但是只要有仁心把着方向盘，它们的消极方面就无法再起作用。而佛的慈悲与"仁"不同，它是站在更高的位置上俯视众生，以悲悯的心态去同情、理解并且度化在爱恨情仇中不能自拔的世人。禅宗也告诉世人，当喜则喜，当忧则忧，看似和儒家相类，实则不同，因为佛家讲的是空，一切皆空，所谓"色即是空，空即是色"，圣严法师说："色是现象，空是空性。我们的色相本身就是一个虚幻。"因此，佛家的慈悲就是彻底的开悟，认识"空"之理。

一天，释尊禅师在寂静的树林中坐禅。太阳斑驳的影子撒在地上，即使闭着眼睛也能感觉到它的晃动。微风轻轻地拂过树梢，发出悦耳的声音。

突然，从远方传来隐约的嘈杂声，声音越来越近，在寂静的树林中听得十分清楚，原来是一对男女在林中争吵。

过了一会儿，一名女子慌忙地从树林中跑了过来，她跑得太专注了，从释尊禅师面前过去，居然一点也没有发现禅师。之后又出来一名男子，他走到释尊禅师面前，非常生气地问道："你有没有看见一个女子经过这里？"

禅师问道："有什么事吗？为什么你这么生气呢？"

阳光透过树叶，在男子脸上形成明暗不定的阴影。他目光凶狠地说："这个女人偷了我的钱，我是不会放过她的！"

释尊禅师问道："找逃走的女人与找自己，哪一个更重要？"

青年男子没有想到禅师会这样问，站在那里，愣住了。

"找逃走的女人与找自己，哪一个更重要？"释尊禅师再问。

青年男子眼睛里流露出惊喜的神色，他在一瞬间醒悟了！青年低下头，脸上的怒气早已消失了，重新洋溢着平静的神色。

怒也是"执"，佛儒两家都要破，在儒家看来，当人怒的时候，即生命不再和顺流畅的时候，要重归心安，应当"过而不留"。即生活中有怒的存在，儒家承认它的存在，是生活中不那么好的一部分，但是认为人应当自己去疏导，寻找本源，对症下药；佛家则把喜怒哀乐都归于空，喜也罢，乐也罢，都是如此。圣严法师说，开悟，其实就是"心"不为环境所动，也就是当我们的眼、耳、舌、鼻、身、意，接触到外在的一切环境时，"心"不会受到影响而引起贪嗔骄慢等烦恼。所以，禅师说，"找自己"。男子在大怒之下，已是平常心，禅师正是想让男子看自己的心是否安定，是否为外界的"色"所迷惑。

佛家认为，人人皆可度，故人人皆可成佛。圣严法师说，可以提起时提起，必须放下时当放下，不要害

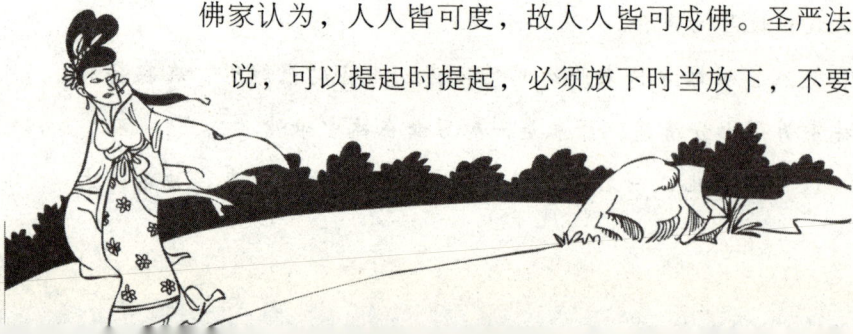

怕，不要担忧；能改善则改善，不能改善则放下，不必慌张，不必恐惧。如此，我、法二执灰飞烟灭，便已成佛。而儒家只是看着生活常好常对，因此说它只是教人如何完善自己，如何做"人"。

圣人

中国有各种圣人，如至圣孔丘，文圣欧阳修，亚圣孟轲，医圣张仲景，武圣关羽，乐圣李龟年，茶圣陆羽，诗圣杜甫，画圣吴道子，词圣苏轼，曲圣关汉卿，药圣孙思邈，兵圣孙武，智圣诸葛亮，剑圣裴旻，字圣许慎，等等。

成佛先成人

一天，佛陀看见一名男子正向着东方、南方、北方、西方、上方、下方恭敬地顶礼膜拜。

佛陀问他在做什么，那名男子回答说："我这是在做善生，据说只要每天向各方膜拜，就能够得到幸福。"

佛陀笑了笑，说："我也有六种敬礼的方法。"

那个人奇怪地问："是吗？你的方法是什么？"

佛陀慈祥地对他说："获得幸福的六种敬礼方法是：第一，孝顺父母；第二，尊重师长；第三，爱护妻子；第四，善待朋友；第五，尊敬僧众；第六，友好地对待仆人。如此，你的家庭就会和谐圆满，人生就会快乐无忧。否则，只是礼拜六方，又有什么用处？"

弦外儒音

儒家似教而非教

佛家是走宗教的路，而儒家则走道德的路。宗教本是一种方法，而道德则否。

"儒释道"三者常为人并提，佛教、道教都是有的，所以也会以为儒家也是宗教。梁漱溟先生在《佛儒异同论》中就说："佛家为世界最伟大宗教之一，而儒家则殊非所谓宗教，此其异也。儒非宗教矣。"

世俗中的人因尘世之中事物繁杂，难免会产生"索性逃避而去"的念头。同时宗教也主动告诫世人，告诉他们远离人间的另一个地方如何精彩，如道教之神仙白鹿、佛教之前世来生。虽不能证明它存在，但也不能证明它不存在，所以很多人就抱着宁信其有的态度成了信徒。

梁先生说，无论是哪个宗教，都会谈及祸福、生死、鬼神这些使得人们情志不安又神秘莫测的东西。但儒家不是。

有一天，季路向孔子询问应该怎样去侍奉鬼神。

孔子并没有直接作答，而是反问道："连活的人都没有能够相处好，为什么要谈侍奉鬼的事情呢？"

季路并不满意，于是又问："请问死是怎么回事？"

孔子再次反问道："还不知道活着的道理，怎么能知道死呢？"

可见孔子更为看重的是眼前之生活，其余事情既然遥不可及，就不必挂念了。可见，儒家并不承认在生活中有另一种不可捉摸的神秘力量在左右着生活，前世来生都不是它学问之所在。

然而儒家既然容易被人误认为是宗教，自然也有其原因。梁先生就说："须知孔子及其代表之儒家既有其极远于宗教之一面，更有其极近于宗教之一面，其被人误以为宗教，实又毫

不足怪焉。"

原因之一在于儒家在社会生活中的影响实在太大了，而且和宗教一样都在人的思想教化上做文章；另一原因是对仪式的重视。佛教有上供、施食，打佛七、禅七，拜忏等，都庄重而严肃，这和儒家崇尚的礼乐有很多相似之处。因为孔子主张恢复的周礼里面就有祭祀之类的。

孔子说："我如果不能亲自参加祭祀，就好像不曾祭祀一样。"因此，墨家笑他"无鬼而学祭礼"。其实孔子的做法是出于现实的考虑。当时的生产力水平低下，很多的现象如果不用宗教的方法来解释的话，民心恐怕更不安定，但是社会自发的那些宗教活动弊害太多，所以借周公之礼来安定民心。而且从本质上来说，儒家所崇尚的礼乐和宗教是不同的：宗教的礼仪不论巨细都神圣不可侵犯，毫无商量的余地；而儒家之礼仪，无论是谁都可以从人情事理出发随意讨论改作，因为礼乐本就出自人情。

儒家被误认为宗教的第三个原因在于统治阶级为了自己的利益对它进行了乔装打扮。封建统治者为了控制人们的思想，把四书五经作为科举考试的教材，使得当时的读书人不用心去领悟儒家本于现实、归于现实的学问，而是把它作为官场的敲门砖。一旦僵化成为教条，儒家就变成了一种宗教，后来在五四运动之中被猛烈抨击的正是"孔家店""孔教"，对此梁老也持赞成的态度。"为往圣继绝学"，他所继承和弘扬的是指导人们生活的儒家思想，而非孔教。

因此，梁漱溟先生说，佛家是走宗教的路，儒家则走道德的路。宗教本是一种方法，而道德则否。道德在乎人的自觉自律；宗教则多转一个弯，俾人假借他力，而究其实，此他力者不过自力之一种变幻。佛家通过虚幻的宗教来使世人得到解脱，而儒家不然。鲁迅先生说，绝望之于虚妄，正与希望相同。如果人沉浸在宗教所勾勒的幻境中，对于当下之事就会持漠视的态度。只有这份希望破产，人不再执迷于由他物来救赎自己，生活才有希望。

参考文献

【1】王国维，人间词话，上海：上海古籍出版社，2009-08.

【2】钱行，思亲补读录，北京：九州出版社，2011-12.

【3】钱穆，论语新解，北京：九州出版社，2011-07.

【4】孔子，诗经，长春：吉林美术出版社，2015-10.

【5】曹雪芹，红楼梦，北京：人民文学出版社，2013-01.

【6】汤显祖，牡丹亭，北京：人民文学出版社，2005-05.

【7】司马迁，史记，哈尔滨：哈尔滨出版社，2017-05.

【8】左丘明，左传，北京：中华书局，2016-03.

【9】赵靖，中国经济思想通史续集，北京：北京大学出版社，2004-07.

【10】朱熹，四书章句集注，北京：中华书局，2011-01.

【11】纪昀，阅微草堂笔记，西安：三秦出版社，2018-08.

【12】奥斯特洛夫斯基，钢铁是怎样炼成的，西安：陕西师范大学出版社，2009-11.

【13】中国国学文化艺术中心，弟子规，北京：人民教育出版社，2013-12.

【14】蒲松龄，聊斋志异，北京：民主与建设出版社，2015-10.

【15】孙武，孙子兵法，北京：北京联合出版公司，2015-07.